Harz mit Kyffhäuser

Bernhard Pollmann

Harz

mit Kyffhäuser

50 ausgewählte Wanderungen
im Nationalpark Hochharz (Sachsen-Anhalt),
im Oberharz (Niedersachsen)
sowie im Unterharz mit Kyffhäuser (Sachsen-Anhalt)

Mit 65 Farbfotos,
50 topographischen Wanderkärtchen im Maßstab 1: 50 000
sowie 3 Übersichtskärtchen im Maßstab 1: 500 000

BERGVERLAG RUDOLF ROTHER GMBH • MÜNCHEN

Umschlagbild: An den Oberen Ilsefällen

Bild gegenüber dem Titel (Seite 2):
Geländergesicherte Partie des Kammsteigs auf der Teufelsmauer

Sämtliche Fotos von Bernhard Pollmann

Kartographie:
Topographische Wanderkärtchen im Maßstab 1: 50 000
© Niedersächsisches Landesvermessungsamt (Touren 1–46) /
Landesvermessungsamt Sachsen-Anhalt (Touren 47–48) /
Landesvermessungsamt Thüringen (Touren 49–50)
Übersichtskärtchen im Maßstab 1: 500 000 / 1: 1 000 000
© Institut für angewandte Geodäsie, Frankfurt am Main
(Vervielfältigungshinweise siehe Seite 135)

Die Ausarbeitung aller in diesem Führer beschriebenen Anstiege und Routen erfolgte nach bestem Wissen und Gewissen des Autors. Die Benützung dieses Führers geschieht auf eigenes Risiko. Soweit gesetzlich zulässig, wird eine Haftung für etwaige Unfälle und Schäden jeder Art aus keinem Rechtsgrund übernommen.

3. Auflage 1997

ISBN 3-7633-4257-5

Druck und Bindung Rother Druck GmbH, München (61141)

Vorwort

Wie eine bewaldete Insel erhebt sich der Harz aus den Feld- und Wiesenfluren des fruchtbaren Norddeutschen Tieflands: Eine Gebirgsinsel, die den höchsten Punkt im Norden Deutschlands markiert und durch zwei Nationalparke als eine der schönsten, bedeutendsten und schützenswertesten Berglandschaften der Republik ausgewiesen ist. Nur im Harz hält der Norden ein solch reiches Angebot an Gipfeln mit endlosem Blick über das weite Land bereit, nur im Harz lockt eine derart faszinierende Vielfalt von Wiesentälern, Urwäldern, Mooren und lichtdurchfluteten Buchenkathedralen, von Bergbächen, Wasserfällen, bizarren Felsen und unergründlichen Höhlen.
Doch der Harz ist mehr als nur Natur, das Miteinander von Mensch und Gebirge hat im Harz und seinem Bannkreis unsterbliche Kulturwerke hervorgebracht: monumentale Sakralbauten wie die Dome in Halberstadt und Quedlinburg oder die Ruinenschönheit des Klosters von Walkenried, Statussymbole mächtiger Fürsten wie die Burgen auf dem Kyffhäuser oder die Kaiserpfalz in Goslar, städtische Gesamtkunstwerke wie die Fachwerkidylle von Stolberg, Werke der Dichtkunst wie Heines »Harzreise« oder Theodor Fontanes Sehnsuchtsheldin »Cécile«. Nicht zu vergessen die »gesagte« Kultur des Volkes: Der überreiche Schatz an Legenden und Sagen, die sich um wundersame Orte ranken und zurückführen in eine mythische Zeit. In dieser Bündelung von Natur und Kultur, von ästhetischem, sportlichem, spirituellem, Bildungs- und Erholungswert liegt die Großartigkeit des Harzes. Er ist ein Zauberland der Natur und zugleich ein Brennpunkt deutscher Mythologie, Kultur und Geschichte.
Auf vielbegangenen Wegen und auf Pfaden der Stille leitet dieser Führer durch das Gebirge. Das Wandern und die Wanderwege im Harz sind nichts Zeitloses, auch in den Bergen findet ein steter Wandel statt, und für die dritte Auflage dieses Führers waren zahlreiche Korrekturen notwendig. Allen Berg- und Harzfreunden, die in Zuschriften auf Veränderungen hingewiesen haben, sei an dieser Stelle herzlich gedankt.
Möge der Führer genußvolle, spannende, kurzweilige und hin und wieder auch nachdenklich machende, auf jeden Fall aber unvergeßliche Wanderungen im Harz bereiten. Die Grundvoraussetzung für alle Wanderungen ist die Achtung vor der Natur.

Emden-Larrelt, Frühjahr 1997 — Bernhard Pollmann

Inhaltsverzeichnis

Wandern im Harz

Gebirgsinsel im deutschen Norden

Inselartig schiebt der Harz in das Norddeutsche Tiefland einen 2000 km^2 großen Gebirgskeil von über 1000 m Höhe. Kein anderes deutsches Mittelgebirge nördlich des Mains erreicht diese Höhe. Als schwach geneigte Pultscholle steigt diese Insel von Osten (Unterharz) nach Westen (Oberharz) an und bricht nach Norden steil in das hügelige Harzvorland und nach Westen zum Leinegraben ab. Acker-Bruchbergzug und Brockenmassiv, die noch einmal 200 m das umliegende Bergland überragen, trennen Ober- und Unterharz. Die fruchtbare Niederung der Goldenen Aue wiederum trennt im Süden den Unterharz vom Kyffhäuser.

Artenreiches Waldgebirge

Während das Harzvorland dem fruchtbaren, waldarmen Lößgürtel angehört, der die Nordabdachung der deutschen Mittelgebirgsschwelle begleitet, hat der Waldreichtum des Harzes zu seiner Benennung geführt: Der Name leitet sich vom mittelhochdeutschen *hart* = bewaldetes Gebirge ab. Das Gebiet um den Brocken bildet das größte zusammenhängende natürliche Bergfichtengebiet Mitteldeutschlands. Die Buchen steigen bis auf über 900, die Fichte grenzt bei etwa 1100 m. Auch von der Fauna zählt der Harz zu den artenreichsten deutschen Mittelgebirgen.

Wie die Rothenburg (12./13. Jh.) erinnern auch viele andere Burgen und Sakralbauten in Harz und Kyffhäuser an die Glanzzeit des Hochmittelalters.

Der 15 km lange Dammgraben – hier am Förster-Ludewig-Platz am Schachtkopf – ist der bedeutendste der alten Oberharzer Wassersammelgräben.

Gold- und Silbergebirge

Im tief zertalten Harz finden sich fast alle Gesteinsarten des Erdaltertums. Während der variskischen Gebirgsbildung wurden die Sedimentsgesteine von Granit und Gabbro durchsetzt und überlagert; Lösungen aus den Tiefengesteinszuflüssen setzten in den Spaltensystemen Erze ab und schufen die Voraussetzung für den späteren Silber-, Blei-, Eisenerz-, und Goldbergbau, der den Harz zu einer der reichsten und blühendsten deutschen Kulturlandschaften und zum Kernstück des ottonischen und Salier-Reiches werden ließ. Der Bergbau ist heute weitgehend eingestellt; Wassergrabensysteme, Museen, Besucherbergwerke und andere Stätten zeugen weiterhin von diesem traditionsreichen Wirtschaftszweig.

Nationalparke

Die Nationalparke Hochharz (Sachsen-Anhalt) und Harz (Niedersachsen) tragen verschiedene Namen, aber sie gehen nahtlos ineinander über, und auch die Nationalparkverwaltungen verfolgen dasselbe Ziel: Die Natur soll hier wieder Natur werden dürfen. Es gibt noch viele Ausnahmeregelungen, aber der Anfang ist gemacht: Auf einer Fläche von 220 km^2 steht das höchste Mittelgebirge im Norden Deutschlands unter Schutz und ist dem Raubbau von Investoren entzogen. Auch künftige Generationen sollen in den Nationalparken erleben dürfen, wie schön und großartig die Natur ist, was für ein einzigartiges, sich selbst regulierendes System sie ist und welch unermeßlichen Schatz an ästhetischen, sportlichen, spirituellen und Bildungserlebnissen sie bereithält. Ganz zu schweigen vom gesundheitlichen Aspekt.
Der aus der Wanderperspektive wichtigste Grundsatz in den Nationalparken ist das Wegegebot: Die Wege dürfen nicht verlassen werden, damit das, was da wächst und kreucht und fleucht, ungestört leben kann. Aus dem Wegegebot folgt der Grundsatz, daß wir die Tiere, Steine, Blumen und Bäume in Frieden lassen. Das Schmetterlingsfängernetz hat im Harz ebensowenig verloren wie das Hämmerchen jener Hobby-Geologen, die auf Felsen einschlagend durch Deutschlands Mittelgebirge wandeln. Bäume zu fällen, um ein Grillfeuer zu entfachen; Märzenbecher auszugraben, um Blumenkästen zu schmücken; vermeintliche Kultsteine zu klauen, um im Garten ein privates »Stonehenge« zu erbauen; Herzschmerz-Buchstaben in die Rinden von Buchen zu schneiden oder Felsen zu schänden durch die Einritzung von Graffitis – all dies muß in den Nationalparken unterbleiben, auf daß dort eine lebendige Naturwirklichkeit erlebbar wird. Lassen wir der Natur diesen winzigen Freiraum: Er umfaßt nur etwa 10% der Gesamtfläche des Harzes.
Ranger überwachen das Wegegebot und stehen darüber hinaus als lebende Auskunftsstellen allen Ratsuchenden zur Verfügung. Ranger-Stationen gibt es unter anderem am Nationalparkhaus Torfhaus und an den Nationalpark-Infostellen in Drei-Annen-Hohne und Lonau. Über geführte Wanderungen (auch für Kinder), über Fachexkursionen und Studienprogramme können Infos bei folgenden Stellen angefordert werden:
Nationalparkverwaltung Hochharz, Lindenallee 35, 38855 Wernigerode, ✆ 03943/55020, Fax 550237.
Nationalparkverwaltung Harz, Oderhaus, 37444 St. Andreasberg, ✆ 05582/91890, Fax 918919.

Klima

Das Relief mit dem hoch gelegenen Oberharz im Westen und dem niedrigen Unterharz im Osten bestimmt die Verteilung der Niederschläge. Die vorwiegend aus Westen und Südwesten herandriftenden Luftmassen atlantischer Herkunft werden vom Harz zum Aufstieg gezwungen, kühlen sich ab und müssen ihre Feuchtigkeit abgeben. Acker-Bruchbergzug und Brocken empfangen daher die meisten Niederschläge. Das hervorragende Heilklima hat den Harz seit dem 19. Jahrhundert zu einem vielbesuchten Erholungsgebiet werden lassen. Zahlreiche Orte schmücken sich mit der Bezeichnung »Luftkurort«, andere stellen dem Ortsnamen ein »Bad« voraus zum Zeichen dafür, daß es sich um staatlich anerkannte Kurorte mit natürlichen Heilquellen handelt.

Beste Jahreszeit

Wenn an Walpurgis der Winter ausgetanzt und mit großen Festen der Einzug des Frühlings in den Hochlagen gefeiert wird, ist dies für viele das Signal für den Beginn der Wandersaison im Harz. Tatsächlich ist im Harz ganzjährig Wandersaison: Auf Brettern im Winterwald über die verschneiten Kämme zu gleiten – ein Hochgenuß. Wegen der drastischen klimatischen Unterschiede zwischen dem rauhen Hochharz und den milden Randlagen ist es jedoch nicht möglich, den Mai generell als Termin für den Beginn der Wanderzeit zu nennen: Noch an Walpurgis – Anfang Mai – finden sich in Hochlagen Schneereste, während am Fuß der Teufelsmauer Kirschblüten wogen und sich Unverzagte am Blauen See der Sonne hingeben. Vor allem im Frühjahr ist es unerläßlich, Erkundigungen über die Skibedingungen einzuholen: Wer

Hütte am Fuß der Achtermannshöhe auf etwa 850 m über NN Anfang April. In diesen Höhen ist es im Harz oft bis weit in das kalendarische Frühjahr hinein möglich, auf Brettern durch den verschneiten Wald zu wandern.

Das Brocken-Wetter						
	Lufttemperatur (°C)	Niederschlag (mm)	Nebel (Tage)	Gewitter (Tage)	Sonnenschein (Std.)	Schneedecke (Tage)
Januar	-4,8	161	28	1	57	31
Februar	-4,6	127	25	1	71	28
März	-2,2	110	27	2	104	31
April	1,2	112	24	3	139	26
Mai	6,0	92	24	5	174	10
Juni	8,7	102	23	7	179	0
Juli	10,5	138	25	6	161	0
August	10,0	132	24	6	151	0
September	7,5	114	25	2	127	0
Oktober	3,3	126	26	1	107	5
November	-1,1	127	27	1	50	18
Dezember	-3,5	142	28	1	51	27
Jahr	2,6	1483	306	36	1371	176

bei Schneelage ohne Ski anreist, wird in den Hochlagen viele Wanderwege unpassierbar finden.

Anforderungen

Die meisten Wanderungen folgen befestigten, gut ausgeschilderten und markierten Wegen. Hinzu kommen unbefestigte Wege und Pfade, die gelegentlich Gehhilfen wie Planken, Knüppeldämme, Felsstufen, Geländer usw. aufweisen. Die Hinweise »Felssteig« oder »Fels- und Wurzelsteig« in den Routenbeschreibungen signalisieren Rutschgefahr bei Nässe. Dank der guten Beschilderung und Markierung der Wege wird zumindest auf den klassischen Routen der Orientierungssinn kaum gefordert.

Kondition/Gehzeit: Die Kilometerangabe und die Zahl der im Anstieg zu bewältigenden Höhenmeter sind ein Hinweis auf die Kondition, die mitgebracht werden muß, damit eine Wanderung Spaß macht. Die Stundenangabe darf nur als vager Anhaltspunkt angesehen werden: Luftfeuchtigkeit, Temperatur, Beschaffenheit des Geländes je nach Jahreszeit und Wetter (Trockenheit, Schnee, Glätte, aufgeweichter Boden), die persönliche Verfassung, die Rücksichtnahme auf eventuell schwächere Partner und viele andere Faktoren bestimmen die tatsächliche reine Gehzeit.

Künstliche Steighilfen machen viele aussichtsreiche Harzklippen gangbar. Im Bild die unterste Leiter des 34 m hohen Ottofels.

Karten

Die den Wandervorschlägen beigegebenen farbigen Karten mit Routeneintragungen sind wesentlicher Bestandteil jedes Wandervorschlags. Die Ausschnitte im Maßstab 1: 50 000 ermöglichen in den meisten Fällen eine problemlose Orientierung. Es handelt sich um Karten, die von den Vermessungsämtern der Bundesländer Niedersachsen und Sachsen-Anhalt herausgegeben werden.

Übersichtskarten: Die vom Harzklub als offizielle Wanderkarten anerkannten Karten werden vom niedersächsischen bzw. sachsen-anhaltinischen Landesvermessungsamt herausgegeben. Es handelt sich um die drei »Topographischen Karten 1: 50 000 mit Wanderwegen« Blatt »Wandern im mittleren Harz«, Blatt »Wandern im Ostharz« und Blatt »Wandern im Westharz (Nationalpark Harz)«. Die drei Karten können im Buchhandel und bei den Landesvermessungsämtern bezogen werden und sind unter dem Titel »Wandern im gesamten Harz« auch als preiswerteres Dreierset erhältlich.

Darüber hinaus sind bei den Landesvermessungsämtern und im Buchhandel zahlreiche weitere Karten erhältlich, von der geologischen Karte bis zur Loipen- und zur Radwanderkarte.

Ausrüstung

In der Nichtschneejahreszeit ist im Harz eine Ausrüstung mit folgenden Grundelementen erforderlich: leichte Berg- oder Trekkingstiefel mit knöchelumschließenden Schäften und rutschfesten Profilsohlen, Tagesrucksack, Sonnenschutz, Kopfbedeckung, Kälteschutz, Regenschutz, Karte, Proviant und Getränk, auch eine Mini-Apotheke, bestehend aus Pflaster, Pinzette, Verband und anderen hilfreichen Dingen, darf nicht fehlen. Nicht schlecht ist ferner ein Mückenschutz. Die Grundelemente der Ausrüstung müssen bei jedem Wetter mitgeführt werden, da einerseits das Wetter oft umschlägt und andererseits auf den Bergen ordentlich der Wind pfeifen kann, während es im windgeschützten Talort noch wunderbar warm war.

Gefahren

Gefahrlos wandern im Harz diejenigen, die folgendes dabei haben:

1. die oben genannte Ausrüstung, 2. eine ausreichende Kondition, 3. ein fundiertes Wissen über das Bergwandern und die Natur. Weist auch nur eine dieser drei Komponenten Lücken auf, drohen Gefahren: vom Hitzschlag bis zum Absturz und bis zur Vergiftung durch Tollkirschen. Als Grundkurs zu empfehlen ist die für die Alpen konzipierte Lehrschrift »Bergwandern – Bergsteigen« von Dieter Seibert, erhältlich bzw. bestellbar in jeder Buchhandlung. Was die Naturseite betrifft, so ist in den Nationalpark-Infostellen umfassendes Informations- und Buchmaterial erhältlich.

In letzter Zeit häufen sich in den deutschen Mittelgebirgen Bergunfälle. Bei den Verunfallten handelt es sich meist um Touristen, bei denen die oben genannten drei Komponenten mehr oder weniger große Lücken aufweisen. Leider zeichnet sich die Tendenz ab, daß offizielle Stellen immer mehr der aus bergsteigerischer Sicht attraktivsten Routen in Deutschlands Mittelgebirgen sperren, damit sich Unkundige, Leichtsinnige und Übermütige nicht in Gefahr begeben. Wir wollen uns diese schönen, naturnahen, spannenden Routen aber nicht nehmen lassen, im Bayerischen Wald nicht, im Schwarzwald nicht und nicht im Harz. Wer wandert, muß fähig sein, eigenverantwortlich zu handeln, und muß seine Grenzen kennen. Deswegen muß in der Informationspolitik eine Kehrtwende vollzogen werden, zu Beginn vieler Routen müssen Gefahrschilder eingepflockt werden, damit die Unwissenheit beseitigt wird: »Diese Route ist auf eigene Gefahr nur begehbar mit Bergausrüstung, mit guter Kondition und mit einem fundierten Wissen über das Bergwandern und die Natur.« Dieser Satz gilt für alle Routen dieses Führers.

Auskunft
Wer allgemeine touristische Informationen über den Harz sucht und sich Gastgeberverzeichnisse u.a. zuschicken lassen möchte, wendet sich an die Fremdenverkehrsverbände:
Harzer Verkehrsverband, Marktstraße 45, 38640 Goslar, ✆ 05321/34040.
Tourismusförderkreis Ostharz, Markt 6, 06547 Stolberg, ✆ 034654/542.
Wer gezielt Informationen über bestimmte Orte sucht, fragt bei den Kurverwaltungen und Verkehrsvereinen nach. Die Anschriften sind über die Fremdenverkehrsverbände erhältlich.

Veranstaltungskalender
Januar: Winterfest in St. Andreasberg.
Februar: Von Pferden gezogen werden Skiläufer beim »Ski-Körning«, einem Skirennen, das Anfang Februar in Seesen veranstaltet wird. Ebenfalls im Februar findet der Volksskilauf Seesen – Wildemann – Seesen statt.
März: In Wildemann finden die Harzer Meisterschaften im Setzbügeleisen-Eisschießen statt.
Ostersamstag: In zahlreichen Orten und auf vielen Höhen brennen in der Nacht auf Ostersonntag Osterfeuer. Eine Besonderheit ist das Schwingen der Harzer Holzfackeln.
Walpurgis: Die Walpurgisfeiern in der Nacht auf den 1. Mai sind *das* Harzfest par excellence. Festhochburgen (mit einem Zulauf von jedes Jahr mehreren 10 000 oft malerisch ausstaffierten »Hexen« und »Teufeln«) sind Schierke, Braunlage und Thale, während die nächtlichen Feiern auf dem Brocken, dem eigentlichen »Blocksberg«, unerwünscht sind (da der Brocken im Nationalpark liegt).
Pfingsten: In Wildemann findet am Pfingstsonntag der »Viehaustrieb« statt. – In St. Andreasberg wird an Pfingsten das »Finkenmanöver« abgehalten, in

Benneckenstein findet am Pfingstmontag der Finkenwettstreit statt. Das Fest geht auf einen Brauch von Bergleuten aus dem Erzgebirge zurück, die Anfang des 16. Jahrhunderts im Harz arbeiteten. Die Bergleute züchteten Finken, die besonders gut schlagen konnten.

Johannisfest: Das zur Zeit der Sommersonnwende gefeierte Johannisfest (24. Juni bzw. am letzten Juni-Wochenende) wird zu den schönsten Sommerfesten gerechnet. Charakteristisch für die Johannisfeiern im Harz ist der »Johannisbaum«, eine mit bemalten Eiern, Blumengirlanden und einer Krone geschmückte Fichte, um die ausgelassen getanzt wird.

August: In Braunlage wird alljährlich im August ein Meiler gebaut und in Betrieb genommen – Anlaß für ein mehrwöchiges »Köhlerfest«. Auch an anderen Orten im Harz werden Köhlerfeste veranstaltet.

September: Am ersten September-Wochenende ist Seesen Schauplatz des Sehusa-Fests. In Schauspielen und Tänzen werden in historischen Kostümen Szenen aus der Vergangenheit Seesens vom 10. bis zum 18. Jahrhundert gespielt. In Altenbrak findet Anfang September der Jodlerwettstreit statt.

Verkehrsmittel

Nahezu alle Städte im Randgebiet des Harzes sowie viele Orte im Inneren des Harzes sind an das Netz der Deutschen Bahn angeschlossen und über die Linien Halle – Magdeburg – Braunschweig – Hildesheim/Hannover bzw. Kassel – Göttingen – Hannover bzw. Halle – Nordhausen – Kassel mit oder ohne Umsteigen erreichbar. In den Hochlagen des Harzes steht ein recht gut ausgebautes Busnetz zur Verfügung. Hinzu kommen drei Schmalspurbahnen:

Harzquerbahn: Die 1897–99 in Betrieb genommene Harzquerbahn verkehrt zwischen Wernigerode und Nordhausen, hat eine Spurbreite von 1000 mm und erreicht eine Durchschnittsgeschwindigkeit von 21–24 km/h.

Brockenbahn: Die an Weihnachten 1898 offiziell eröffnete Brockenbahn zweigt in Drei-Annen-Hohne von der Harzquerbahn ab und dampft von Walpurgis bis September via Schierke auf den Brocken, wenn nicht gerade zu hoher Schnee einzelne Fahrten unmöglich macht.

Selketalbahn Gernrode – Straßberg/Harzgerode: Die 1887 eröffnete Schmalspurbahn mit 1000 mm Spurweite verzweigt sich in Alexisbad Richtung Harzgerode und Straßberg.

Seilbahnen (in Klammern steht die Höhe der Bergziele):

Bad Harzburg – Großer Burgberg (483 m): Seilbahn auf den Großen Burgberg mit der geschichtsträchtigen Harzburg; Wanderung 18.

Bad Lauterberg – Hausberg (422 m): Sessellift.

Verwitterungsformen an der Teufelsmauer bei Thale.

Braunlage – Rodelhaus – Wurmberg (971 m): Kabinen-Seilbahn auf den »Brocken des Oberharzes« mit Aussichtsturm, Sprungschanze und prähistorischer Kultstätte; Wanderung 11.
Hahnenklee – Bocksberg (727 m): Kabinenseilbahn von der sogenannten Stabkirche auf den aussichtsturmgekrönten Bocksberg; Wanderung 34.
Thale – Hexentanzplatz (465 m): Gondelseilbahn zum Hexentanzplatz mit Museum »Walpurgishalle« und Tierpark; Wanderung 38.
Thale – Roßtrappe (403 m): Sessellift zum Berghotel Roßtrappe in der Nähe des sagenumwobenen Roßtrappenfelsens; Wanderung 37.

Wanderverein
Harzklub e.V. Heimat- und Wanderbund. Geschäftsstelle: Clausthal-Zellerfeld, Bahnhofsstraße 5 a.

Wettervorhersage für den Harz: ✆ 05321/20024 (Goslar).

Zelten
Zelten ist im Harz abseits der Campingplätze – deren es viele gibt – nicht erlaubt. Auch das Nächtigen in den Schutzhütten ist verboten.

Zum Gebrauch des Führers
Eine Übersicht mit den wichtigsten Informationen leitet jede Routenbeschreibung ein.
Talort: Der Ort in oder bei dem die Wanderung beginnt, wird kurz vorgestellt.
Ausgangspunkt: Hier findet sich der Hinweis, wo genau und auf welcher Höhe über NN der Ausgangspunkt liegt, in welcher Himmelsrichtung vom Talort er zu finden und über welche Straße er erreichbar ist.
Gehzeit: Hinter der Zahl der Stunden, die durchschnittlich benötigt werden, steht in Klammern die aufgerundete Zahl der Kilometer (8 km statt 7,8 km). Die Stundenangaben beziehen sich auf die reine Gehzeit ohne Rast- und Fotopausen. Es folgt der Hinweis, ob es sich um eine Rundwanderung (die zum Ausgangspunkt zurückführt), um eine Wanderung mit Auf- und Abstieg auf derselben Route oder um eine Streckenwanderung handelt. Bei Streckenwanderungen wird die Bus- oder Bahnverbindung zurück zum Ausgangspunkt genannt.
Anstieg: Die im Anstieg zu bewältigenden Höhenmeter sind aufgerundet auf die nächsten 50 (600 statt 578 Höhenmeter). Die Aufrundung entspricht der Wirklichkeit besser, da kleinere Erhebungen auf Karten mit 20-m-Höhenlinienabstand nicht eingezeichnet sind, aber durchaus erwandert werden wollen. Gehen Sie davon aus, daß zum Aufstieg in der Regel ein gleich hoher Abstieg hinzukommt.
Einkehr: Die Einkehrmöglichkeiten sind in Etappen mit Kilometerangabe genannt (0 km = am Ausgangspunkt).

Hochmoor auf dem Bruchberg. Der Name Bruchberg wird ebenso wie der Bergname Brocken vom mittelhochdeutschen bruoch = sumpfig-mooriges Gelände abgeleitet. Urkundlich erstmals erwähnt wird der Brocken 1401 als Teil eines befestigten Landwehrsystems. Die erste Brocken-Ersteigung muß also vorher erfolgt sein – vielleicht durch jenen Steinzeitmenschen, dessen Beil im Brockenfeld, dem Moorgebiet am Westhang, gefunden wurde.

Nationalpark Hochharz

Fast drei Jahrzehnte war der höchste Gipfel des deutschen Nordens ein unerreichbarer Punkt in der Sehnsuchtsgeographie von Wander- und Bergträumen. Erst als eine demonstrierende Wandergruppe aus Sachsen-Anhalt 1989 die Erlaubnis zum Betreten des Brockenplateaus erreichte, endete die von Kalaschnikows und Stacheldraht geschützte Militärherrschaft auf dem höchsten Harz-Gipfel und berühmtesten deutschen Blocksberg. Seither ist dieser Panoramagipfel wieder, was er einst war: Ein Zauberberg, der Millionen von Menschen aus dem In- und Ausland in Bann schlägt. Aus allen Himmelsrichtungen führen Wege und Pfade auf seine tanzbodenartig abgeflachte Kuppe, die Anstiegsrouten variieren zwischen gemütlichen 400 und anspruchsvollen 1000 Höhenmetern, eine öffentliche Straße gibt es glücklicherweise nicht, Gebrechliche und Bequeme erreichen den Gipfel mit der Schmalspurbahn.
Trotz Massentourismus und trotz der im Harz ebenso wie in anderen Mittelgebirgen zu beobachtenden Waldschäden ist die Schönheit und Faszi-

Graswildnis beim Abstieg von den Hohneklippen via Knüppeldamm.

Wiederbelebungsversuche auf dem Hohneklippen-Kamm erfolgen mit Forstfichten.

nation dieses Bergs ungebrochen. Auch Wanderer, die die Einsamkeit lieben, kommen im Brockenmassiv auf ihre Kosten, und wer in einer der zahlreichen Pensionen in den Talorten nächtigt, kann im Bannkreis des Brockens tagelang unterwegs sein: Quellwärts wandern im Brausen der Bergbäche, die aussichtsreichen Gipfel verwitterter Granittürme erklettern und endlos durch Wälder streifen.

Um das Brockenmassiv und seine Umgebung vor dem Massentourismus zu schützen und das Gebiet dem unkontrollierten Zugriff von Investoren zu entziehen, wurde 1990 unter Lothar de Maizière, dem letzten Regierungschef der DDR, per Verordnung der Nationalpark Hochharz geschaffen. Dieser weitblickende Akt hat 1994 auf niedersächsischer Seite durch die Schaffung des Nationalparks Harz Nachahmung gefunden. Der Nationalpark Hochharz umfaßt eine Fläche von 58 km^2, die sich in drei Schutzzonen gliedert: Kernzone, Entwicklungszone und Sanierungszone. In der Kernzone (Brockenmassiv und Hohneklippen) finden so gut wie keine forstlichen Eingriffe mehr statt, die Natur wird weitgehend sich selbst überlassen: die einzigartigen Fichtenbergwälder, die Hangmoore, subalpinen Matten und Blockfelder einschließlich ihrer typischen Tier- und Pflanzenwelt. In der Entwicklungs- und der Sanierungszone hingegen werden die gestörten Lebensgemeinschaften durch entsprechende Maßnahmen langsam in naturnahe bzw. natürliche Zustände übergeführt – um dann sich selbst überlassen zu bleiben.

1 Brockenplateau, 1142 m

Höchster Gipfel im Norden Deutschlands

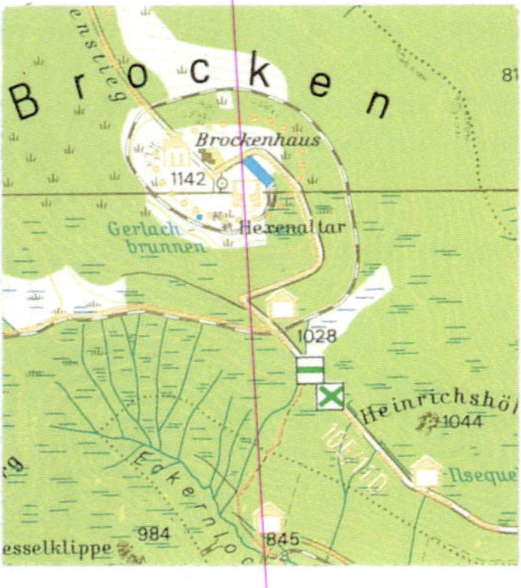

Zustiege: Die Wanderungen Nr. 2–7 sind die klassischen Brockenzustiege. Nicht aufgenommen wurden zwei moderne Klassiker, nämlich der 10-km-Asphaltanstieg auf der für den öffentlichen Verkehr gesperrten Brockenstraße ab Schierke (→Wanderung 5) sowie die 7-km-Wanderung, die am B-4-Kriegsgräber-Parkplatz zwischen Oderbrück und Torfhaus beginnt und am Eckersprungsattel auf den Goetheweg (→ Wanderung 4) mündet.
Brockenbahn: Von Walpurgis bis September dampft von Drei-Annen-Hohne, wo Anschluß an die Harzquerbahn besteht, die Brockenbahn via Schierke durch den Nationalpark auf den höchsten Harzgipfel.
Einkehr: Auf dem Brocken.

Als Gebirge im Gebirge entragt dem Harz das in einem Aussichtsthron ersten Ranges gipfelnde Brockenmassiv. Bei der Umrundung des waldlosen Gipfelplateaus schweift der Blick nach und nach über ein Gebiet von fast 50 000 km^2: 80 km nordöstlich zeigen sich bei klarer Sicht die Domtürme von Magdeburg, 180 km westsüdwestlich stehen die Höhen des Sauerlandes, 150 km südlich runden sich die Kuppen der Rhön, 60 km südöstlich spitzt der Kyffhäuser aus der Goldenen Aue, hinzu kommen Köterberg, Ith und Hils im Weserbergland, der Thüringer Wald mit Wartburg und Inselsberg, der Meißner bei Kassel. Dieses Panorama ist nur an Ausnahmetagen zu erleben, doch wer nach dem meist schweißtreibenden Aufstieg auf der Gipfelkuppe steht, spürt auch bei Wolken und Dunst die überwältigende Schönheit des Landes, aus dem sich der Brocken erhebt. Regen Zulaufs auf dem Gipfel erfreut sich das **Brockenmuseum mit Nationalpark-Informationszentrum**, liebevoll gestaltet wurde auch der **Alpenbotanische Garten**. Abschrankungen verhindern, daß die naturnah gebliebenen Flächen einschließlich der **Teufelskanzel** und anderer Felsen zertrampelt oder besprayt werden.
Die Berühmtheit des Brockens gründet in seinen Eigenschaften als Hexentanzplatz, als *der* Blocksberg Deutschlands schlechthin. Goethe, der mehrmals auf den Brocken stieg, faßte diese Eigenschaften so zusammen: »Auf einem hohen nackten Gipfel sitzend und eine weite Gegend überschauend, kann ich sagen: Hier ruhst du unmittelbar auf einem Grunde, der bis zu den tiefsten Orten der Erde hinreicht.« Vom Sinn her ähnlich beschreibt Hans Christian Andersen, der 1831 auf den Brocken ritt und aus dem heute nicht

mehr existierenden Hexenbrunnen trank, was er auf der Kuppe des höchsten Harz-Gipfels empfand: »Wer einmal im Traum über die Erde geflogen ist und Länder und Städte und Wälder tief unter sich gesehen hat, der kann sich eine entfernte Idee von dieser unbegreiflichen Herrlichkeit machen.« Trotz Telekomturm, trotz Schmalspurbahnhof, Andenken-Kitsch, Gulaschkanonen und Massentourismus läßt sich die von Goethe, Andersen und vielen anderen geschilderte Magie des Brockens auch heute noch erleben. Wer sie richtig genießen will, darf weder an sonnigen Ferienwochenenden noch an Walpurgis kommen und muß früh auf den Beinen sein. Wer die Annäherung unterläßt und mit der Brockenbahn auf den Gipfel fährt, erlebt die Magie des Brockens nicht.

Die modernen Brocken-Wahrzeichen: alter Fernsehturm, Telekom-Turm, »Brockenmoschee«. Vorn ein nicht betretbares Naturschutzgebiet.

2 Ilsenburg – Ilsefälle – Brocken, 1142 m

Durch das wildromantische Ilsetal

Talort: Wo die Ilse am Harz-Nordrand das Gebirge verläßt, liegt die Stadt Ilsenburg (238 m, 7400 Ew.). Sie ist benannt nach der Ilsen- oder Elysinaburg (Elysina = Erle), die im 9. Jh. errichtet, im 11. Jh. in ein prunkvolles Benediktinerkloster und im 17. Jh. in ein reich ausgestattetes Schloß der Grafen von Stolberg-Wernigerode umgewandelt wurde. Im 19. Jh. wurde Ilsenburg als Sommerfrische entdeckt.

Ausgangspunkt: Parkplatz (330 m) am Ende des für den öffentlichen Verkehr freigegebenen Teils der Ilsetal-Straße südlich vom Schloß.
Gehzeiten: 5 Std. (22 km) Rundwanderung; Aufstieg gut 3 Std. (10,5 km); davon gut ½ Std. (2½ km) zu den Ilsefällen.
Anstieg: 850 Höhenmeter.
Einkehr: Ilsenburg (0 km), Brocken (10,5 km).

Der Weg durch das von hohen Buchen geschmückte, tief eingeschnittene Ilsetal, in dem der Bergbach in wilden Kaskaden dahinbraust, zählt zu den faszinierendsten Erlebnissen im Harz. Der Schlußanstieg erfolgt längs der früheren deutsch-deutschen Demarkationslinie.

Die Ilse – der zauberhafteste Harz-Fluß.

Ilsen-
burg
Ilsenburg
Westerberg
Schwarzer Gr
512
Spitze Klippe
Kleines Sandtal
Rohnberg
462
564
Großer Gierskopf
595
550
Am Kruzifix
Großes Sandtal
Ilsestein
522
Paternosterklippe
Lobenklee
655
595
522
Tiefenbach
441
Heine Denkmal
Bremer Weg
369
464
25E
25F
9E
696
Forst
Dreisage
622
Blocksberg
Oberer
Meineckenberg
643
632
Oberer
Wolfs- oder
Pfortenberg
649
686
Gebbertsberg
Peseke
Hermannsklippe
747
557
Weiße Steine
Luchsloch
638
Kellbeek
Schluftieb
898
Bismarckklippe
604
750
Sonnenklippe
733
668
Kleiner Brocken
Öhrenfeld
Schneeloch
1019
Hirtenstieg
Zeter-
klippen
Stern
733
1012
Brocken
817
930
Molkenhaus
664
Brockenhaus
1142
Gerlachbrunnen
Hexenaltar
655
859
1028
Am Brockenbett
Rennekenberg
Heinrichshöhe
1044
Ilsequelle
927
Kapelle
Kesselklippe
984
845

»Die Ilse ist eine Prinzessin, die lachend und blühend den Berg hinabläuft«, stellte Heinrich Heine in seiner »Harzreise« fest.

Im Harz wimmelt es nur so von Sagengestalten, und eine der bekanntesten ist die Prinzessin Ilse. Der Felsen, in dem diese Fee wohnt, der Ilsenstein, ist einer der begehrtesten Kletterfelsen im Harz, und der Aufstieg durch das von alten Buchen geschmückte, tief eingeschnittene Tal, in dem die Ilse in wilden Kaskaden über Blockwerk tanzt, zählt zu den faszinierendsten Touren im Brockenmassiv. Wer mit einer guten Kondition ausgestattet ist, kombiniert die hier vorgeschlagene Wanderung mit Tour 43 (am Brockenbett zum Renneckenberg hinauf und weiter via Stern zur Plessenburg) und erlebt eine prachtvolle Ganztagstour (25 km, gut 1000 Höhenmeter Anstiege).
Im Ilsetal unweit des Ilsenburger wandern wir mit der Markierung grün x auf dem *Heinrich-Heine-Weg* zum Ilsenstein. Der Weg ist benannt nach dem Dichter der »Harzreise«, der 1824 in diesem wunderschönen Tal brocken-

wärts zog und wandernd Gedichte schrieb. Aus dem rötlichen Granit des **Ilsensteins**, der 150 Meter lotrecht dem Tal entragt, tritt an schönen Sommermorgen die Ilse, badet im Fluß und hält, wie die Sage weiß, Ausschau nach tugendhaften Wanderern.

Lustvoll präsentiert die Ilse ihre Reize an den **Ilsefällen**, wo der Bach in malerischen Kaskaden über Granitblöcke braust. Oberhalb der Ilsefälle mündet der Weg auf eine alte Chaussee, schließlich weist ein Schild »steiler Aufstieg« rechts in den Fichtenwald, oben lädt unter der **Stempelbuche** eine Sitzbank mit Brockenblick zur Rast, bald darauf beginnt an der **Hermannsklippe** der Schlußanstieg. Er ist zwar aussichtsreich, löst aber wie bei allen anderen Brocken-Schlußanstiegen gemischte Gefühle aus: Er folgt der früheren innerdeutschen Grenze, einer häßlichen Wunde. Vom **Brocken** (siehe Tour 1) steigen wir auf der Versorgungs- und Mountainbikestraße am Quellberg der Ilse vorbei (aus Naturschutzgründen leider nicht zugänglich) zur Wegespinne **Brockenbett** ab. Hier geht es links ins Ilsetal zurück und talwärts.

3 Wernigerode – Renneckenberg, 933 m – Brocken, 1142 m

Stillste und abwechslungsreichste Brocken-Wanderung

Ausgangspunkt: Bahnhof Steinerne Renne (311 m) an der Harzquerbahn westsüdwestlich von Wernigerode (Talort von Wanderung 42), erreichbar von der Straße Wernigerode – Schierke aus.

Gehzeit: 6 Std. (24 km) Auf- und Abstieg auf derselben Route.
Anstieg: 900 Höhenmeter.
Einkehr: Steinerne Renne (2,5 km), Brocken (12 km).

Diese abwechslungsreiche Wanderung bildet neben dem Ilsetal-Aufstieg die naturnäheste und auch stillste Brocken-Route.
Der Aufstieg durch das Waldtal der **Holtemme** längs des in Kaskaden über Granitblöcke spielenden Bergbachs erfolgt bis zum Wasserfall **Steinerne Renne** wie →Wanderung 42. Hinter dem Hotel geht es auf breitem Weg aufwärts, bis der rote Punkt vor einer Klippe links abzweigt. Kurz darauf zeigt ein Schild mit Kilometer-Angaben, die wir ignorieren, geradeaus in den Fichtenwald. Der Weg verläßt bald den Wald und durchzieht eine sonnige, hochflächenartig weite Senke mit Blick auf den Brocken, vor den sich nach und nach der Renneckenberg schiebt. An einem Rastplatz mit Sicht auf die bizarren **Öhrenklippen** zweigt die Route am Schild »steiler Aufstieg« vom breiten Weg ab, überschreitet die Holtemme und hält durch die **Hölle** auf den Renneckenberg zu. Von der Moor-Hölle, in der sich die Quellbäche der Holtemme sammeln, ist wenig zu sehen; doch trotz des Jungfichten-Heers präsentiert sich eine zauberhafte, lichtdurchflutete Landschaft, aus der heraus der Blick wegen der umgebenden Berge und Klippen auf nichts trifft, was an die Außenwelt erinnert. Vor dem Fuß der Renneckenbergflanke knickt der rote Punkt links auf einen Grasweg, bis er im Wald steil zum Sattel zwischen den Renneckenberg-Gipfeln 927 (Kapelle) und 933 hinaufleitet, stellenweise mit herrlicher Sicht auf Wernigerode und das Harzvorland. Vom Sattel leitet ein grünes x rechts hinauf zu den Granittürmen der **Brockenkinder** und weiter zur Felsfreistellung auf dem zentralen **Renneckenberg**-Gipfel (→Wanderung 9). Hier zieht ein Pfad an der Wernigeröder Skihütte vorbei ins **Brockenbett** zur **Brockenstraße** hinab. Die asphaltierte

Rast bei den Brockenkindern auf dem Renneckenberg.

Straße umrundet mit gelegentlichem Blick auf Wurmberg und Schierke die aus Naturschutzgründen unzugängliche **Heinrichshöhe** (1044 m) und führt auf das Brockenplateau (→Wanderung 1).

4 Torfhaus – Goetheweg – Brocken, 1142 m

Auf Goethes Spuren zum höchsten Harzgipfel

Ausgangspunkt: Torfhaus (800 m), Ortsteil von Altenau, eines der größten Skizentren im Harz. Nationalpark-Haus. Buslinie Bad Harzburg – Torfhaus – Braunlage.

Gehzeit: 5 Std. (16 km) Auf- und Abstieg auf derselben Route.
Anstieg: 400 Höhenmeter.
Einkehr: Torfhaus (0 km), Brocken (8 km).

Der gemütliche Goetheweg bildet an sonnigen Tagen für Tausende den klassischen Brockenanstieg. Die ersten 5 km führen meist durch naturschönes Waldgebiet, dann beginnt der aussichtsreiche Aufstieg längs der ehemaligen innerdeutschen Grenze und der Brockenbahn. Der im ausgehenden 19. Jahrhundert eingeführte Name **Goetheweg** erinnert an die drei Brockenbesteigungen des Dichters vom Torfhaus aus: Am 10. Dezember 1777 unternahm der 28jährige die erste bekannte Brocken-Winterbesteigung eines Touristen. Goethe wiederholte den Aufstieg 1783 und 1784.
Vom Großparkplatz fällt der Blick auf das Ziel der Wanderung: Rechts der turmgekrönten Brockenkuppe rundet sich der bewaldete Königsberg; diesseits von Königsberg und Brocken steht der Waldrücken des Quitschenbergs quer. Die Route umgeht letzteren rechts und zieht dann zum Kahlschlag unterhalb der Königsberg-Wälder hinauf; oben am Königsberg sind die aus Naturschutzgründen unzugänglichen Hirschhörner-Klippen erkennbar, über die Goethe mit dem Förster vom Torfhaus wanderte.
Vom Großparkplatz geht es neben der Straße kurz talwärts, bis in der Senke das Schild Goetheweg und die Markierung roter Punkt im weißen Dreieck die Route weisen. Sie folgt im Fichtenhochwald dem **Abbegraben**, einem mit Schleusen versehenen Wassersammelgraben, der 1827 als Energielieferant für die Mühlen des Oberharzer Erzbergbaus angelegt wurde. Das **Torfmoor**, das bald links durch die Bäume schimmert, war Namensgeber für das

Blick vom Torfhaus-Parkplatz über den Skihang auf Brocken und Königsberg.

Torfhaus. In den jetzt unter Schutz stehenden Hochmooren wurde im ausgehenden 16. Jahrhundert mit dem Stechen von Torf begonnen; dieser wurde in »Torfhäusern« getrocknet; die Moore erklären auch die dunkle Farbe des Wassers im Abbegraben. Am **Eckersprung**-Sattel an der Wasserscheide zwischen Weser und Elbe beginnt der Schlußanstieg: eine 3 km lange Metallzaun-, Mauer- und Gleiswanderung, die infolge der Waldzerstörung – auf weiten Flächen steht kein Baum mehr – eine umfassende Aussicht auf den Westharz bietet.

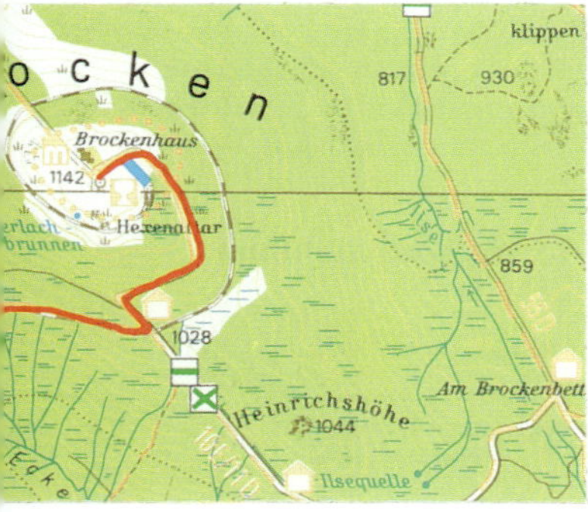

Zuletzt leitet die **Brockenstraße** zum Gipfel (→Wanderung 1).

5 Schierke – Eckernloch – Brocken, 1142 m

Kürzeste klassische Brocken-Route

Talort: Der Ferienort und Wintersportplatz Schierke (640 m, 1300 Ew.) liegt windgeschützt im Tal der Kalten Bode am Südostfuß des Brockens. Der 1590 erstmals erwähnte Name Schiriken verweist auf den Ursprung als Waldarbeitersiedlung: schieres = blankes, reines Holz.

Ausgangspunkt: Parkplätze (640 m) am Beginn der Brockenstraße am nordwestlichen Ortsrand von (Unter-)Schierke.
Gehzeit: 4 Std. (14 km) Auf- und Abstieg auf derselben Route.
Anstieg: 500 Höhenmeter.
Einkehr: Schierke (0 km), Brocken (7 km).

Mit festem Stiefelwerk ist diese vielbegangene Wanderung auf einem Fels- und Wurzelpfad, in zauberhaftem Fichtenhochwald, ein herrlicher Genuß.
Die Wanderung beginnt auf der Brockenstraße, die ab dem Ausgangspunkt in Bergrichtung für den öffentlichen Motorverkehr gesperrt ist. Nach 500 m überquert die Straße an einem kleinen Wasserwerk (661 m) das **Schwarze**

Schluftwasser, einen Bergbach, der bis zum Eckernloch Orientierungspunkt bleibt. Am Wasserwerk scheiden sich Fuß- und Rad- bzw. Skiroute: Radwandernde bleiben auf der Brockenstraße, wenn sie nicht weiter oben gut 150 Höhenmeter mit dem Rad auf den Schultern über Felsen und Holztreppen turnen wollen. Der Fußwanderweg hingegen folgt dem Schild »Eckernloch« in den Fichtenwald hinauf: ohne Asphalt.

Wenn weiter oben lautes Pfeifen durch den Wald hallt, sputen sich viele Wanderer, um auf knapp 850 m einen Blick auf die vorbeiqualmende Brockenbahn zu erhaschen, deren Trasse überschritten wird. Nun laden am Rand des **Eckernlochs** Bänke zur Rast, ehe der breite Pfad beginnt, der in mäßiger Steigung zwischen Granitfelsen durch märchenhaft schöne Waldlandschaft zieht; auf moorigen Stellen liegen Planken als Gehhilfen.

Auf gut 1000 m mündet der Weg wieder auf die Brockenstraße. Diese erreicht in einer Viertelstunde das Gipfelplateau (→Wanderung 1).

Am Eckernloch ist der Wanderweg stellenweise eingezäunt.

6 Bad Harzburg – Eckerstausee – Brocken, 1142 m

Aussichtsreich und steil zum Vater Brocken

Ausgangspunkt: Talstation (310 m) der Burgberg-Seilbahn an der B 4 in der Oberstadt von Bad Harzburg (Talort von Wanderung 18).
Gehzeit: 6 Std. (26 km) Auf- und Abstieg auf derselben Route.
Anstieg: 1000 Höhenmeter.
Einkehr: Ausgangspunkt (0 km), Burgberg-Gaststätte (2 km), Molkenhaus (5 km), Brocken (13 km).

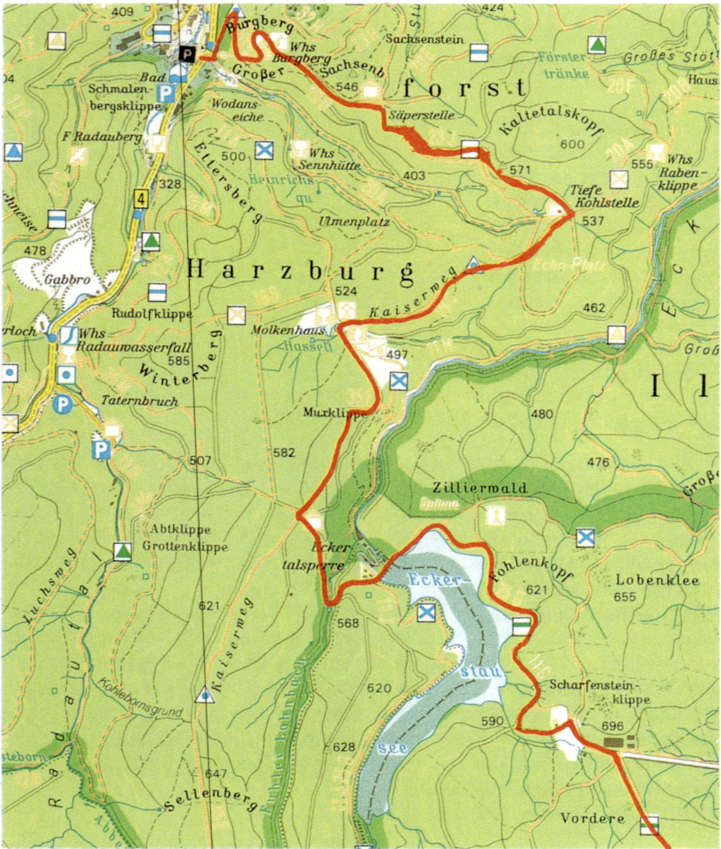

Jenseits des Eckerstausees rundet sich der Brocken.

Dieser klassische Brockenanstieg besticht durch seinen Aussichtsreichtum. Der Aufstieg zur geschichtsträchtigen **Harzburg** auf dem aussichtsreichen **Großen Burgberg** (483 m) erfolgt wie bei Wanderung 18. Von der Seilbahn-Bergstation führt der Weg nach Osten zur Wegespinne **Antoniusplatz** (461 m) hinab. Hier weist der mit dem blauen Punkt markierte **Kaiserweg** die Route: Im Wald leitet er zur Wegespinne **Tiefe Kohlstelle** (537 m), schwingt rechts zum Ausflugslokal **Molkenhaus** (→Wanderung 17), passiert die **Muxklippe** und erreicht eine Wegekreuzung, von der eine asphaltierte Werksstraße zum **Eckerstausee** führt. Nach Überschreiten der Dammkrone (559 m) folgt der Weg dem Ufer dieses Trinkwasserreservoirs mit prachtvollem Blick auf den Brocken.

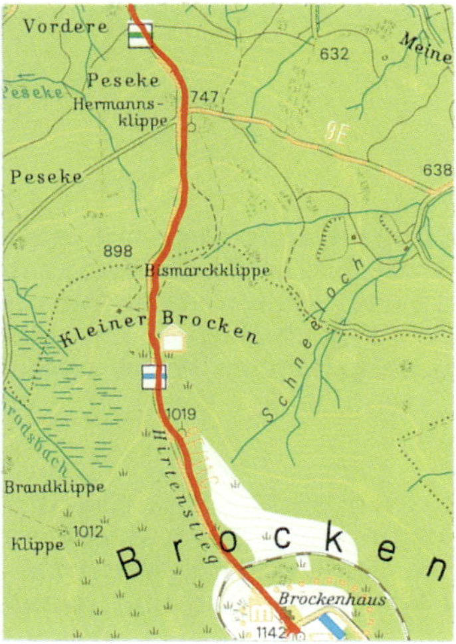

Am Ostufer schwingt der Weg links in Fichtenwälder zur Ruine des ehemaligen Viehhofs Scharfenstein am Fuß der **Scharfensteinklippe** (692 m). Wenig später beginnt der Schlußanstieg längs der ehemaligen innerdeutschen Grenze, die aufgrund der Waldzerstörung weite Aussicht bietet. Zum Brockenplateau siehe Wanderung 1.

7 Drei-Annen-Hohne – Brocken, 1142 m

Bequeme Hochwaldwanderung auf dem Glashüttenweg

Ausgangspunkt: Bahnhof Drei-Annen-Hohne (540 m) an der Harzquerbahn Wernigerode – Schierke – Nordhausen.
Gehzeit: Aufstieg zum Brocken 3 Std. (10 km), Abstieg zum Bahnhof Schierke 2 Std. (9 km, vgl. Wanderung 8), von Schierke nach Drei-Annen-Hohne zurück mit der Brockenbahn.
Anstiege: 800 Höhenmeter.
Einkehr: Drei-Annen-Hohne (0 km), Brocken (10 km), Schierke (17 km), Bahnhof Schierke (19 km).

Bei dieser feinen, insgesamt eher gemütlichen Ganztagswanderung benutzen wir auf dem letzten Stück des Rückwegs zwischen Schierke und Drei-Annen-Hohne die Brockenbahn. Vom Bahnhof Drei-Annen-Hohne erfolgt der Aufstieg auf dem bequemen Glashüttenweg, vom Brocken leiten naturschöne Fels- und Wurzelpfade durchs Eckernloch nach Schierke (= Wanderung 8), von dort dampft die Nostalgiebahn zurück. Wer Wurzelpfade lieber im An- als im Abstieg nimmt, startet in Schierke, aber so früh wie möglich, denn Schierke ist neben Torfhaus der beliebteste Ausgangspunkt für den Brockenaufstieg.

Der sagenumwobene Trudenstein vor Ausbruch eines heftigen Unwetters. Auch Caspar David Friedrich wanderte 1811 auf dem Glashüttenweg zum Brocken. Der Trudenstein erscheint vorn in seinem »Watzmann«-Gemälde.

Aus dem Bahnhof **Drei-Annen-Hohne** tretend, geht es an der Straße kurz links und sofort wieder links auf einem teilweise alleeartigen Weg, der bald nach Überschreiten des **Wormkegraben** genannten Wassersammelgrabens (Rastplatz) auf den **Glashüttenweg** mündet. Letzterer führt links zum **Trudenstein**, benannt nach den feenhaften Truden, die hier den hervorragenden Blick über die Bodetäler hinweg auf die bewaldeten Höhen und Bergrücken des Harzes genießen.
Nun leitet der Glashüttenweg durch Buchenhochwald ins Tal der Wormke und umrundet den **Erdbeerkopf**, an dessen Fuß sich auf einer **Bergwiese** im **Jakobsbruch** die Reste jener Glashütte (1824-43) finden, nach denen der Glashüttenweg benannt ist. Wenig später lohnt ein Abstecher zu den aussichtsreichen **Ahrensklint**-Klippen, dann zieht der Glashüttenweg im Fichtenhochwald an der feuchten **Schlungsklippe** vorbei, quert den Hang des **Renneckenbergs** (Wanderung 9) und mündet am **Brockenbett** (Wasserscheide zwischen Elbe und Weser) auf die Versorgungsstraße: Im Hang der Heinrichshöhe leitet sie zum Gipfel.

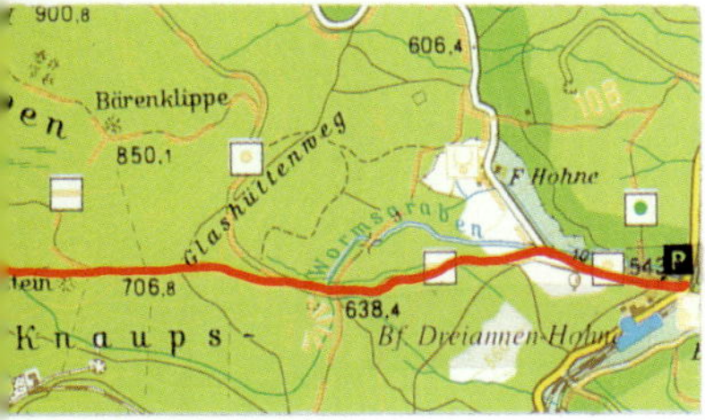

8 Schierke – Hohneklippen, 901 m – Drei-Annen-Hohne

Auf die vorzüglichste Rundschau-Klippe im Hochharz

Ausgangspunkt: Bahnhof Schierke an der Brockenbahn (688 m).
Gehzeit: 4 Std. (12 km) ohne Rückwanderung. Von Drei-Annen-Hohne fahren Bus und Brockenbahn zurück nach Schierke.
Anstieg: 350 Höhenmeter.
Einkehr: Bahnhof Schierke (0 km), Drei-Annen-Hohne (12 km).

Der Steinharz mit den Hohneklippen galt einst als das naturschönste Gebiet im Hochharz. Trotz der Entwaldung, unter der das Gebiet heute leidet, ist dies eine schöne, abwechslungsreiche Wanderung.
Nach Überschreiten der Gleise am **Bahnhof Schierke** hält der Bahnparallelweg kurz brockenwärts, bis ein Waldpfad rechts zur **Feuersteinklippe** abzweigt. Der wollsackverwitterte Granitturm (760 m) trägt den Namen nach Felsen, auf denen früher Signalfeuer entzündet worden sein sollen. Nächste Station ist brockenwärts der auf Eisenleitern ersteigbare **Ahrensklint** (822 m) mit Sicht auf Brocken und Wurmberg. Vom Ahrensklint halten zwei Parallelwege nordwärts zum **Glashüttenweg**, dem die Route nach rechts folgt. Benannt ist er nach einer **Glashütte**, die 1824-43 auf der bald erreichten **Bergwiese** stand. Begleitet vom Plätschern der **Wormke**, zieht der Glashüttenweg zwischen Jakobsbruch und Erdbeerkopf sacht abwärts, bis die Route am ersten, breiten Weg links hinauf abzweigt. Der Weg durchquert Fichtenwald mit reichem Blaubeerbestand, ehe sich kurz vor der

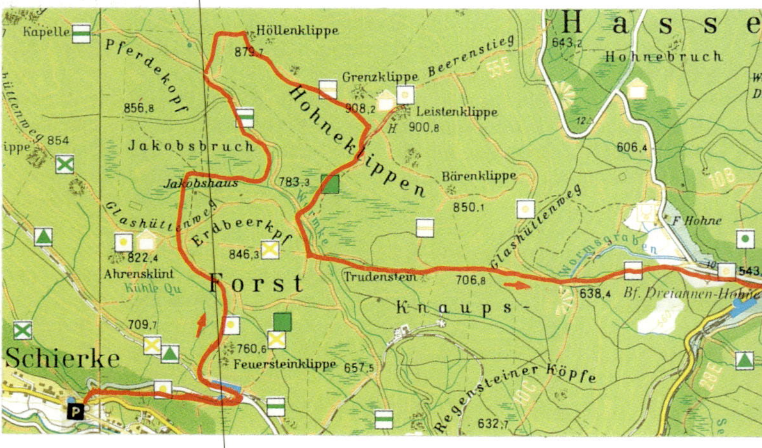

Höhe ein holpriger Weg rechts hinauf zur **Höllenklippe** (879 m) windet. Aussichtsreich zieht von dort ein Pfad auf dem Kamm in stellenweiser Skelettwaldumgebung zur **Leistenklippe** (901 m); sie ist auf Eisenleitern ersteigbar und bietet prachtvolle Rundschau, unter anderem auf das Dreigestirn Brocken – Achtermann – Wurmberg, auf Wernigerode und auf den Unterharz mit dem Elbingeröder Kalkkomplex.
Südöstlich der Leistenklippe zieht der **Knüppeldamm** durch Moorgelände zur Wormke zurück und trifft wieder auf den Glashüttenweg. Nun weist das Schild »Bahnhof Drei-Annen-Hohne« die Route, teilweise in wundervollem Buchenhochwald; es besteht aber auch die Möglichkeit, am Erdbeerkopf den Wegweisern zurück nach Schierke zu folgen.

Benannt nach dem durch Steighilfen nicht erschlossenen Schierker Feuerstein ist ein würziger Harzer Kräuter-Halbbitter.

9 Schierke – Renneckenberg, 933 m – Zeterklippen – Hölle

Große Höhen- und Klippenwanderung

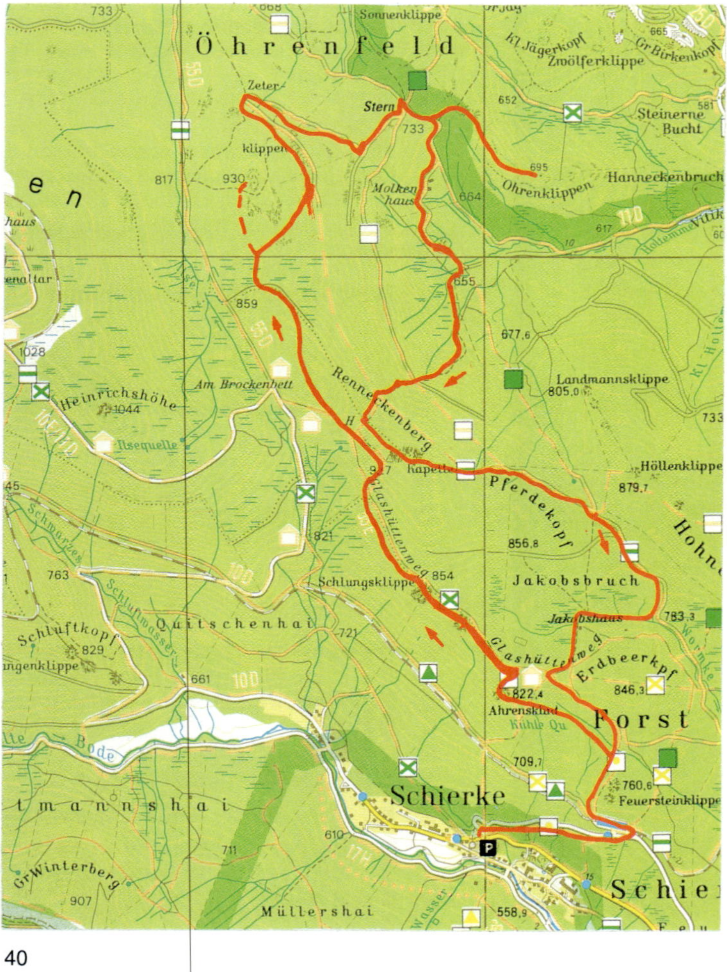

Wer von der Kapelle zum Brocken blickt, kann von Zeit zu Zeit beobachten, wie Rauchschwaden aus den Wäldern am Brocken in den blauen Himmel aufsteigen: Im Qualm der Brockenbahn verfinstert sich der Gipfel.

Ausgangspunkt: Großparkplatz (640 m) in Oberschierke (→Wanderung 5).
Gehzeit: 6 Std. (19 km) Rundwanderung.
Anstieg: 600 Höhenmeter.
Einkehr: Schierker Bahnhofsbaude (1 km).

Abwechslungsreich und still zieht diese Wanderung durch stimmungsvollen Hochwald ebenso wie über Waldtod-Höhen, leitet zu bekannten, aber abgelegenen Aussichtsklippen und übers Moor, bietet faszinierende Fernsichten und berührt idyllische Rastplätze.

Die ersten 2 km sind identisch mit →Wanderung 8, ehe der **Glashüttenweg** durch Fichtenhochwald zum **Renneckenberg** zieht. Hier schwingt sich ein Steig steil hinauf zur **Kapellenklippe** (927 m). Das wuchtige Felsensemble bietet Sicht auf Brocken, Achtermann und Wurmberg; wer klettert, schaut weit über das Harzvorland und auf Wernigerode. Von der Kapelle leitet ein x-markierter Pfad brockenwärts in einen Sattel, wo eine Schneise erneut die Sicht öffnet, und erreicht dann die Granittürme der **Brockenkinder** (927 m), die wie die Kapelle einen schönen Rastplatz bilden.
Nun strebt x zur Felsfreistellung auf dem Renneckenberg-Gipfel 933 m, wo rechts an einem Pfahl der mit einem roten Strich markierte Pfad bzw. Weg zu den **Zeterklippen** (bis zu 930 m) abgeht. Er erreicht die Klippen in einem Gelände, wo kein Baum mehr steht. Bänke laden zur Rast, da der Blick auf Wernigerode, Hölle und Öhrenklippen waldtodbedingt vorzüglich ist. Während die Zeterklippen auf dem brockenseitigen Weg erreicht werden, wechselt der rote Strich auf den höllenseitigen Hang, bald wieder in schönerem Wald, und führt dann hinab zur Wegespinne **Stern** mit Schutzhütte unweit der **Sonnenklippe** (→Wanderung 43).
Nun zieht ein breiter Weg Richtung **Öhrenklippen**. Der grasige Weg, der ihn an der ersten Kurve verläßt, stößt wieder in eine neue Landschaft, wieder mit weiter Sicht. Rechts ragen die grotesk geformten Klippen auf, links fällt das Gelände in eine Moorsenke, aus der sich der Kleine Jägerkopf hebt. Wo die Jungfichten den Pfad enden lassen, kehren wir zurück zum breiten Weg, gehen hinab und zweigen oberhalb der **Molkenhaus**-Rodung rechts zu den zwei Häusern in der Einsamkeit am Rand der Hölle ab; hier beginnt der Grasweg durch die **Hölle**. Links recken sich die bizarren Öhrenklippen, geradeaus rundet sich der Steinharz-Rücken, darunter zeigt sich am Waldsaum eine Klippe als Orientierungspunkt, während rechts der Renneckenberg die Grenze zur Außenwelt bildet. Aus den Mooren, die der manchmal nasse Weg berührt, fließen die Quellbäche der Holtemme. Wo der Grasweg etwa an der tiefsten Stelle des hochflächenartig weiten Talkessels auf einen Forstweg stößt, knickt die Route rechts und sofort links, nun mit einem roten Punkt, in Richtung der erwähnten Klippe. Der rote Punkt leitet bald rechts hinauf auf den Renneckenberg, aber wir gehen noch zur Blockhalde, ahnend, daß die Granitklippe, auf welcher der Hochsitz steht, Aussicht bietet: Noch ein letztes Mal schweift der Blick über die Hölle und die sie begrenzenden Höhenzüge, und ganz in der Ferne zeigt sich das Wernigeröder Schloß.
Der rote Punkt leitet in Serpentinen schweißtreibend im Fichtenhochwald hinauf zum oberen = zweiten Hangweg. Dort fällt von den Bänken der Blick auf Wernigerode und das Harzvorland.
Von den Bänken zieht der rote Strich auf dem schönen, holprigen Hangwaldweg südostwärts und trifft an einer Schutzhütte auf einen breiten, befestigten Weg, der rechts hinab zum Erdbeerkopf führt. Dort leiten Schilder via Glashüttenwiese Richtung Schierker Bahnhof.

Trotz der dramatischen Naturschädigungen ist der Höllen-Talkessel einschließlich der umgrenzenden Höhen eines der zauberhaftesten und verwunschesten Gebiete im Hochharz; auch stört hier kein technischer Lärm.

10 Steinerne Renne – Ottofels – Leistenklippe – Drei-Annen-Hohne

Durch das Wasserfalltal der Holtemme auf den Steinharz

Kaskade unter der Steinernen Renne.

Ausgangspunkt: Bahnhof Steinerne Renne (311 m) an der Harzquerbahn westsüdwestlich von Wernigerode (Talort von Wanderung 42).
Gehzeit: 4 Std. (11 km) ohne Rückwanderung. Von Drei-Annen-Hohne fährt die Harzquerbahn zurück.
Anstieg: 600 Höhenmeter.
Einkehr: Steinerne Renne (2,5 km), Drei-Annen-Hohne (11 km).

Diese abwechslungsreiche Wasserfall-, Wald- und Klippenwanderung führt auf zwei der prächtigsten Aussichtsfelsen im Hochharz.

Die ersten 2½ km längs der **Holtemme** sind identisch mit →Wanderung 42. Von der Brücke am **Wasserfall** zieht gegenüber vom Hotel ein felsiger Steig aufwärts; er mündet auf einen Fahrweg, auf dem es sacht links hinauf geht. Der rote Punkt, der uns nun begegnet, weist bis zum Ziel die Route. Links am Waldsaum zeigt sich der **Durchbohrte Stein**, ein Granitturm mit Spalt. Nach Überschreiten eines sanften Rückens fällt der Blick auf den lotrecht zwischen Fichten aufragenden **Ottofels** (584 m). Die auf Leichtmetall-Leitern ersteigbare Granitburg bietet prächtige Sicht auf Wernigerode und das Harzvorland.
Nun leitet der rote Punkt hinauf zur **Hohnechaussee** und folgt ihr links. An der Stelle, wo talseitig ein Weg auf die Chaussee mündet und ein Richtungsstein steht, zweigt leicht zu übersehen der mit dem roten Punkt markierte, steile **Beerenstieg** in den Wald hinauf ab. Unterhalb von Grenzklippe (rechts) und **Leistenklippe** erreicht er das Waldtod-Gelände auf dem

Hohnekamm. Eisenleitern führen auf die wollsackverwitterte Leistenklippe (901 m), die wunderbare Rundschau gewährt.

Nach dem Abstieg wenden wir uns links und halten uns im entwaldeten und daher weglosen Gelände mit prächtiger Fernsicht geradeaus zwischen den Klippen auf den Waldsaum zu. Dort findet sich ein Weg, der zu einem Skihang führt. Am Skihang rechts – nun leuchtet wieder der rote Punkt. In richtigem Wald zieht er auf dem **Eichendorff-Steig** talwärts und kreuzt den Glashüttenweg (→Wanderung 7).

Oberharz

Während sich der Hochharz als rauhes Gebirge und der Unterharz als Kulturland darstellen, vereinigt der Westharz die Gegensätze: Die Höhen und Hanglagen des tief zertalten Oberharzes bilden ein Umfeld für Bergwanderungen, die selbst Extreme und Weitwanderkönige zufriedenstellen können; die milden Randlagen wiederum strahlen eine Anmut aus, die nicht nur dann reizt, wenn Wolken das Gebirge umdampfen. Der Unterschied ist manchmal so drastisch wie der zwischen Winter und Frühling, und er hat entscheidend die Besiedlung diktiert: Während die Hochlagen, die mit Ausnahme der Clausthaler Rumpffläche kaum Ansätze für die Landwirtschaft bieten, noch im 10. Jahrhundert Ödland waren, siedelten Germanen bereits um die Zeitenwende am klimatisch begünstigten Fuß des Gebirges. Hier finden sich heute blühende Bäder und Kurorte: Bad Lauterberg, Bad Sachsa, Bad

Abends lockt die historische Altstadt von Goslar zu einem farbenprächtigen Rundgang. Im Bild der Marktplatz mit dem mittelalterlichen Brunnen, auf dem der vergoldete Reichsadler als Wahrzeichen der Stadt thront.

Grund, Bad Harzburg und viele andere; hier entstanden Straßen und Bauten, die – wie in Goslar – zum Schönsten zählen, was deutsche Städtebaukunst vergangener Tage hervorgebracht hat.
Mit dem Bergbau, den die sächsischen Kaiser im 10. Jahrhundert initiierten, begann die Besiedlung des Gebirges. Fast überall sind die Zeugen des Bergbaus gegenwärtig, entweder in Form idyllischer Teiche (es gibt mehr als 80 von ihnen) oder mit Schleusen versehener Wassersammelgräben (über 150 km sind noch in Gebrauch), die einst den Mühlen in den sieben Oberharzer Bergstädten die Antriebsenergie zuführten und nun als technische Kulturdenkmäler unter Schutz stehen. Obwohl die Erzlagerstätten erschöpft sind und der Abbau mit Ausnahme von Bad Grund eingestellt wurde, schmücken sich die traditionsreichen Orte weiterhin mit dem Namenszusatz »Bergstadt«: Altenau, Clausthal-Zellerfeld, Sankt Andreasberg usw. Wie Braunlage haben sie sich zu bedeutenden Wintersportplätzen und Kurorten entwickelt. Das Niedersächsische Bergbaumuseum in Langelsheim-Lautenthal informiert über die Entwicklung dieses historischen Wirtschaftszweiges. 1775 wurde die Clausthaler Bergakademie gegründet; seit 1963 ist sie Universität (TH).
Der Wasserreichtum prägt nachhaltig das Landschaftsbild. Um die Gewalt der Wasser während der Schneeschmelze und nach starken Regengüssen zu bändigen, wurden seit 1928 Talsperren errichtet. Meist dienen sie nicht nur dem Hochwasserschutz, sondern sind zugleich Trinkwasserreservoire; dem Wassersport freigegeben sind der Oder- und der Innerstestausee sowie die Okertalsperre, der buchtenreiche »Vierwaldstätter See« des Harzes.

11 Braunlage – Wurmberg, 971 m

Auf den höchsten Gipfel im Westharz

Talort: Die ehemalige Bergbaustadt Braunlage (560 m, 6800 Ew.) liegt im Tal der Warmen Bode am Südfuß des Wurmbergs und ist ein bedeutender heilklimatischer Kurort sowie Wintersportzentrum.
Ausgangspunkt: Talstation (560 m) der Wurmberg-Seilbahn in Braunlage. Die Bahn dient im Winter als Aufstiegshilfe für die Ski-Abfahrten.
Gehzeit: 3 Std. (11 km) Rundwanderung; Aufstieg 1½ Std. (4 km).
Anstieg: 400 Höhenmeter.
Einkehr: Talstation (0 km), Waldgaststätte Rodelhaus an der Seilbahn-Mittelstation (1 km), Wurmberg an der Bergstation (4 km).

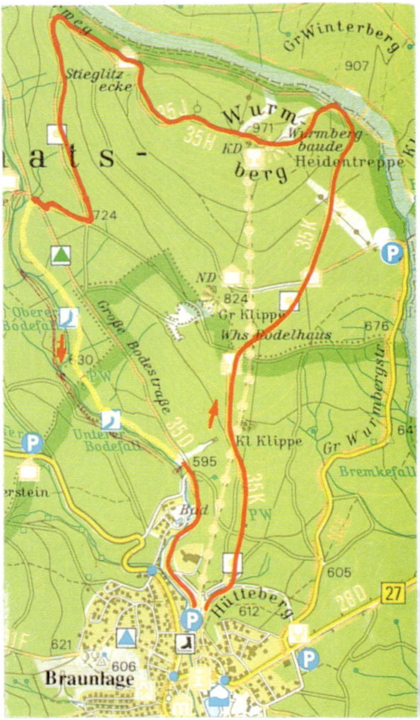

Eine Naturidylle darf niemand erwarten: Als höchster Westharz-Gipfel wurde der Wurmberg zum Touristenmagneten mit Seilbahn, Asphaltwegen, Gasthäusern, Rodelbahnen, Pistenkahlschlägen, Skiliften und Sprungschanze ausgebaut; damit das Gefühl vermittelt wird, einen 1000er erstiegen zu haben, erreicht der Aussichtsturm 1001 m über NN.

Der mit einem roten Punkt markierte Harzklub-Weg 35J führt hinter der Talstation an der **Verlobungswiese** vorbei, taucht an ihrem oberen Ende links in Fichtenwald und strebt via Waldgaststätte **Rodelhaus** (730 m) nicht unsteil zur Wegespinne am **Bratwurststein** mit Schutzhütte und eingesunkener »Liegebank« hinauf. Nun geht es sachter aufwärts, fein asphaltiert, den **Hexenrittlift** unterquerend, bis an der Ex-DDR-Grenze die fürs Skivergnügen kahlgeschlagene Ostflanke der Hornfels-Gipfelkuppe auftaucht. In vorgeschichtlicher Zeit verlief hier der in seiner Bedeutung umstrittene **Heidenstieg**; Reste der gewaltigen, stufenartig sich zum Gipfel türmenden Steinmauern, die aus der Zeit vor 0 stammen und den Heidenstieg flankierten, sind erhalten. Neben dem Aussichtsturm retteten Archäologen eine prähistorische Kultstätte.

Der Wurmberg (rechts) ist weithin erkennbar am US-Spionageturm und der kleineren Aussichts- bzw. Sprungschanzenanlage. Die türmegekrönte Kuppe weiter links ist der Brocken. Am Berg, der sich diesseits des Brockens erhebt, ist eine freie Stelle im Wald erkennbar: Es ist der verlassene Granitsteinbruch auf dem Westhang der Achtermannshöhe. Die charakteristische, nackte Hornfelsgipfelkappe des Achtermanns ist ein wenig weiter links unter einem Zweig der wipfellosen Fichte zu sehen. Das Bild wurde an der Hedwigsquelle auf den Hohen Klippen aufgenommen.

Der Abstieg folgt zunächst dem asphaltierten **Sögdingsweg**. Dieser zieht mit guter Aussicht vorbei am US-Spionageturm und taucht dann in Fichtenforst. Nach etwa 250 Höhenmetern raschen Abstiegs weist an einer Wegespinne ein Schild rechts hinab zur nahen **Bärenbrücke**. Dort geht es wie →Wanderung 12 zu den Bodefällen und zurück – in schönem Wald.

12 Braunlage – Bodefälle – Königskrug

Zu den Wasserfällen von Warmer und Großer Bode

Talort: Braunlage (→Wanderung 11).
Ausgangspunkt: Talstation (560 m) der Wurmberg-Seilbahn in Braunlage.
Gehzeit: 1½ Std. (5 km) ohne Rückwanderung. Vom Königskrug fährt der Bus zurück nach Braunlage.
Anstieg: 200 Höhenmeter.

Variante: Von der Gaststätte Königskrug führt →Wanderung 13 auf die Achtermannshöhe und weiter nach Oderbrück, wo der Bus via Königskrug nach Braunlage zurückfährt.
Einkehr: Ausgangspunkt (0 km), Königskrug (5 km).

Die kleinen Bode-Wasserfälle, die diese bequeme Waldwanderung berührt, zählen zu den stimmungsreichsten Gegenden im Oberharz.
Die **Warme Bode**, die ein wenig versteckt neben der Straße unterhalb der Seilbahn-Talstation fließt, weist die Route: Von der Straße zweigt bald ein Waldweg ab. Wo er auf den **Glashüttenweg** (→Wanderung 7) stößt, überspannt eine steinerne Rundbogenbrücke den Bach, und nun beginnt am anderen Ufer ohne Asphalt die eigentliche Waldwanderung. Bald zeigt sich das Weiß der **Unteren Bodefälle**, kleiner Kaskaden und Schnellen, die über Granitblöcke gischten. Wenig später mündet die **Kleine Bode**, die sich hier mit der **Großen Bode** zur Warmen Bode vereinigt. Die Quellbäche der Kleinen Bode entspringen in der Senke zwischen Achtermann und Gehren, während die Große Bode im Bodebruch ihren Ursprung hat; Warme und

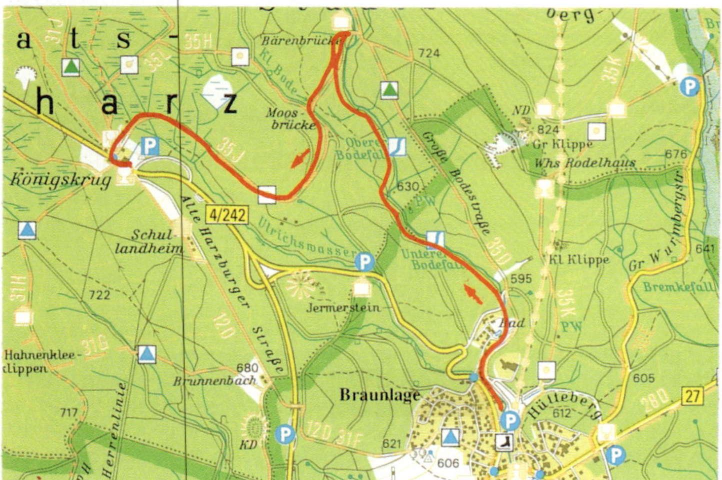

Kalte Bode vereinigen sich bei Königshütte zur Bode, die bei Thale in einem gewaltigen Schluchttal (→Wanderung 36) den Harzrand durchbricht.
Der Weg folgt der Großen Bode aufwärts und erreicht den **Oberen Bodefall**, einen stimmungsvollen kleinen Wasserfall, an dem eine Bank zum Verweilen einlädt. Wenig später ist die Wegespinne an der **Bärenbrücke** mit Schutzhütte, Bänken und Tisch erreicht. Hier eröffnen sich neue Routen: Bodeaufwärts zur Quelle der Großen Bode und wie →Wanderung 14 zu Eckersprung und Torfhaus; dort fährt der Bus zurück nach Braunlage; diese Variante kann ab dem Eckersprung durch einen Abstecher auf den Brocken ergänzt werden. (Von Braunlage sind es etwa 12 km auf den Brocken.) Die vorgeschlagene Wanderung hingegen führt hinüber zur **Moosbrücke**, wo sich erneut eine Alternative anbietet: Entweder auf der **Königsbruch-Straße** zum Königskrug oder ein Stück weiter die Kleine Bode aufwärts und auf den Achtermann.

Am Oberen Bodefall.

13 Königskrug – Achtermannshöhe, 925 m

Naturbelassener Aussichtsgipfel im Oberharz

Ausgangspunkt: Gaststätte Königskrug (750 m) an der B 4 nordwestlich von Braunlage (Talort von Wanderung 11).
Gehzeit: 2 Std. (8 km) Rundwanderung, davon 2 km zum Achtermann. Von Oderbrück führt →Wanderung 14 weiter zum Torfhaus. Dort besteht wie in Oderbrück die Möglichkeit, mit dem Bus zurückzufahren.
Anstieg: 200 Höhenmeter.
Einkehr: Königskrug (0 km), Oderbrück (4 km).

In stimmungsreichem Fichtenhochwald überschreitet diese Wanderung einen der schönsten Aussichtsgipfel des Oberharzes.

Neben dem **Königskrug** beginnt an der Loipen-Übersichtstafel der breite Wanderweg Richtung Achtermann. Markiert mit einem schwarzgrünen Dreieck, strebt er im Fichtenwald aufwärts, bis die Markierung auf knapp 820 m etwas unvermittelt halbrechts abzweigt und auf einen mit Granitblöcken übersäten Steig wechselt. Dieser hält steil aufwärts, gewährt kurz vor dem Gipfelaufbau Blick auf den Wurmberg und passiert dann das **Achtermann-Tor**, eine natürliche Granitburg. Auf der Ostseite der Gipfelkappe schlängelt sich der Steig zu einem Wegekreuz mit Schutzhütte, Tischen und Bänken. Dort beginnt der kurze, steile, geländergesicherte Aufstieg auf die nackte Hornfelskappe der **Achtermannshöhe** (925 m); die auf allen Karten als sehenswert eingezeichnete **Kamelfichte** entpuppt sich als kaum hüfthoher, abgestorbener, durch Eisenklammern zusammengeflickter Stamm mit »Hökkern«. Der Achtermann ist der einzige Harzgipfel, der eine natürliche Rundschau gewährt. Wer auf der verhältnismäßig kleinen Hornfels-Gipfelrippe steht, erkennt alle markanten Berge im Westharz. Im Osten hingegen versperren der mächtige Brocken, der sich jenseits der Bode-Quellbäche-Senke erhebt, und der Wurmberg den Blick auf den Unterharz. Auch die kleine Königskrug-Rodung, bei der die Wanderung begonnen hat, ist in Sicht, und dahinter liegt im Tal Braunlage. Daß der Zustieg auf den Hornfelskegel geländergesichert ist und daß auch die Gipfelrippe rundum Absperrungen

Der Achtermann ist dank seiner raschen Erreichbarkeit, seiner Westlage, seiner herrlichen Aussicht und seiner relativen Unberührtheit der empfehlenswerteste Sonnenuntergangs-Gipfel. Das auf dem Achtermann aufgenommene Bild zeigt, wie die Sonne an einem 13. Oktober hinter den Ackerkamm taucht; links ist der Hanskühnenburg-Aussichtsturm zu erkennen (→Wanderungen 28/29). Ende September, etwa ab 25. September, steht die Hanskühnenburg direkt in der glutroten Scheibe (die dann noch größer ist). Der Abstieg nach Sonnenuntergang erfolgt in etwa 20 Minuten auf dem bequemen Weg, der auf dem Kartenausschnitt gestrichelt als Variante eingezeichnet ist.

aufweist, ist nicht für Schwindelanfällige gedacht (obwohl es so aussieht), sondern ist eine Schutzmaßnahme für die seltenen Moose und Flechten, die auf dem Achtermann siedeln. Respektieren Sie dies und bleiben Sie innerhalb der Absperrung.

Vom Rastplatz leitet das dunkelgrüne Dreieck durch den Wald nach **Oderbrück** hinab, vorbei an den **Breitesteinklippen**. Auch für diesen Weg ist feste Fußbekleidung zu empfehlen, zumal im letzten Abschnitt die Markierungen verfallen sind und sich wilde Pfade gebildet haben.

Nach der Rast in Oderbrück geht es zunächst auf demselben Weg wieder zurück, jedoch weist nicht mehr das grüne Dreieck, sondern der mit einem blauen Punkt im weißen Dreieck markierte **Kaiserweg** (→Wanderung 18) die Route auf dem Achtermann-Westhang.

14 Oderbrück – Bodesprung – Eckersprung – Torfhaus

Waldwanderung zu den Quellen von Bode und Ecker

Ausgangspunkt: Gaststätte Oderbrück (760 m) an der B 4 nördlich von Sankt Andreasberg (Talort von Wanderung 16).
Gehzeit: 2 Std. (7 km) ohne Rückwanderung. Vom Torfhaus mit Bus zurück nach Oderbrück. Außerdem Möglichkeit, vom Torfhaus über Goethe- und Kaiserweg wie im zweiten Teil von →Wanderung 15 nach Oderbrück zurückzukehren (5 km).
Anstieg: 200 Höhenmeter.
Einkehr: Oderbrück (0 km), Torfhaus (7 km).

Auf bequemen Waldwegen und entlang der ehemaligen Grenze führt diese Wanderung zu den Quellen von Warmer Bode, Kalter Bode und Ecker.
In sachtem Anstieg zieht der **Kaiserweg** (→Wanderung 18) in hohem, lichtem Fichtenwald ostwärts, der in einem Hochmoor entspringenden **Oder** folgend. Nach Überschreiten des Bachs auf der ersten Brücke hält der Weg weiter sanft aufwärts – an Verzweigungen Richtung Bodesprung bzw. Brocken – und senkt sich dann zur **Bode-Quelle** hinab. Das moorbraune Bächlein fließt aus dem **Bodebruch** heraus, einem Hochmoor, dessen Ausläufer der Weg auf einem Bohlensteg überschreitet. Es ist der Quellbach der **Großen Bode**, die sich bei Braunlage mit der Kleinen Bode zur Warmen Bode vereinigt (→Wanderung 12).

Wenig später ist der Rastplatz am **Dreieckigen Pfahl**, einem historischen Grenzpfahl, mit Blick auf Achtermann und Wurmberg erreicht. Vom Pfahl bis zum Eckersprung folgt der Weg der Ex-DDR-Grenze. Wo er vom Kontrollturm in eine Senke hinableitet, ist der Metallgitterzaun unterbrochen. Hier zweigt ein Grasweg ab, der unmarkiert zum **Bodesprung** hinaufführt; dort entspringt im weiten **Brockenfeld**-Hochmoor die **Kalte Bode**. Wir folgen dem Grasweg von der Quelle aus nicht weiter, sondern wandern auf dem Grenzweg zum Eckersprung. Während hier die Möglichkeit besteht, zum Brocken aufzusteigen (3 km), schwingt die Route links auf den zum Torfhaus führenden **Goetheweg**. Gleich an der ersten Sitzbank fällt der Blick hinab in das schöne **Eckertal**; unter den Fichten neben der Bank findet sich der **Eckersprung**, die Quelle der Ecker.
Der weitere Verlauf des Goethewegs zum Torfhaus ist identisch mit →Wanderung 4. An der Stelle, wo der Goethe- auf den Kaiserweg trifft, besteht die Möglichkeit, über die Hopfensäcke direkt nach Oderbrück zurückzuwandern wie im zweiten Teil von →Wanderung 15.

Das Quellbächlein der Kalten Bode sammelt sich im Brockenfeld. Das Wasser ist so dunkelbraun, weil es aus Torfmooren herausfließt.

15 Oderteich – Märchenweg – Hopfensäcke – Oderbrück

Zauberhafte Waldwanderung

Im Frühjahr ist der Oderteich, einer der ältesten Stauseen Deutschlands, gut gefüllt. Nach niederschlagsarmen Sommern kann er fast leer sein.

Ausgangspunkt: Parkplatz am Oderteich (730 m) an der B 242 nördlich von Sankt Andreasberg (Talort von Wanderung 16).
Gehzeit: 3 Std. (12 km) Rundwanderung. Zwischen Torfhaus und Oderbrück besteht eine Busverbindung.
Anstieg: 150 Höhenmeter.
Einkehr: [Torfhaus (5 km),] Oderbrück (9 km).

Hinweis: Der 4-km-Rundwanderweg um den Oderteich, den Wegweiser versprechen, existiert nicht. Wer ihn am Ostufer antritt, stößt auf ein Gesperrt-Schild; via Nordbucht verliert sich der Weg am Ostufer in gefährlichen Hochmooren, in denen Trampelpfade und Unfallgefahr-Schilder den Unsinn der Rundwanderweg-Empfehlung verdeutlichen.

An heißen Tagen ist der idyllische, von Wäldern umrahmte Oderteich Sonnenbade- und Picknickparadies. Der Märchenweg jedoch lockt weiter durch die märchenhafte Waldlandschaft der Schwarzen Tannen.
Die 18 m hohe Staumauer des **Oderteichs** wurde 1714–21 errichtet und ist eine der ältesten deutschen Talsperren; der Rehberger Graben (→Wanderung 16) leitet das Wasser nach Sankt Andreasberg. Wir folgen dem Westufer, wo alle Pfade auf den mit einem gelben Punkt markierten Wanderweg münden. Er überschreitet im Nordbuchtbereich einen der Zuflüsse und hält neben diesem aufwärts, bis wenig später der **Märchenweg** rechts hinauf in die **Schwarzen Tannen** abzweigt. In schöner Wald- und

Hochmoorlandschaft folgt er dem **Rotenbeek** aufwärts, überschreitet den **Flörichshaier Graben** und knickt zuletzt auf einen Forstweg, der hinauf zur B 4 bei Torfhaus führt. Nach Queren der Straße wird sofort der **Abbegraben** überschritten, dann geht es längs dieses Wassersammelgrabens wie →Wanderung 4 auf dem **Goetheweg** aufwärts, bis der mit einem blauen Punkt markierte **Kaiserweg** rechts abzweigt. An der Schutzhütte verläßt der Kaiserweg den Forstweg und leitet holprig zu den **Hopfensäcken** (ca. 860 m) hinauf, zwei wollsackverwitterten Granitburgen im Fichtenhochwald. Im weiteren Verlauf bis Oderbrück gleicht der schöne Kaiserweg zuweilen einem versumpfenden Bach. In einem der umgebenden Hochmoore entspringt die **Oder**. Sie weist den Weg zur **Gaststätte Oderbrück** und weiter talwärts zum Oderteich. Da die Moore am Oderteich-Ostufer unfallträchtig sind, überschreiten wir die Oder oberhalb ihrer Mündung in den Teich nicht, sondern folgen dem grünen Dreieck, bis dieses auf den bekannten Weg mit dem gelben Punkt trifft. Der gelbe Punkt leitet zurück.

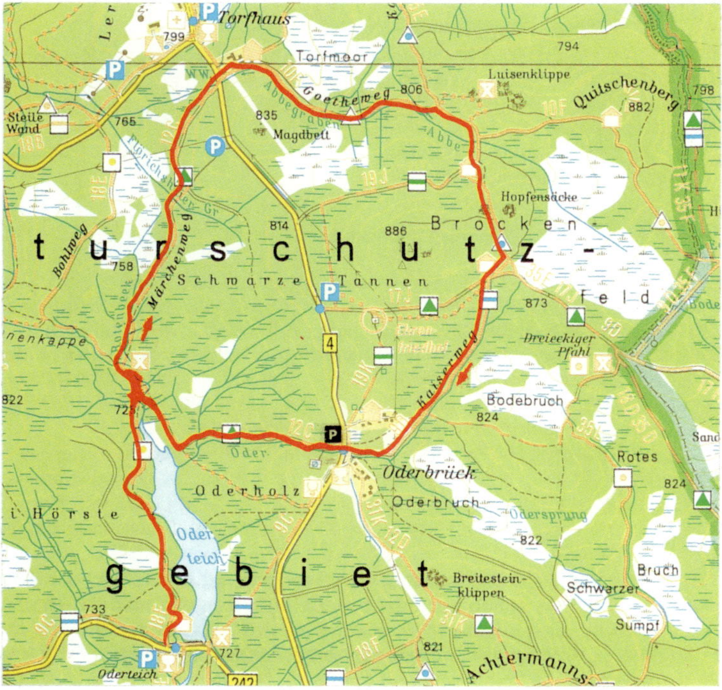

16 Oderteich – Rehberger Graben

Herrliche Hangwanderung hoch über dem Odertal

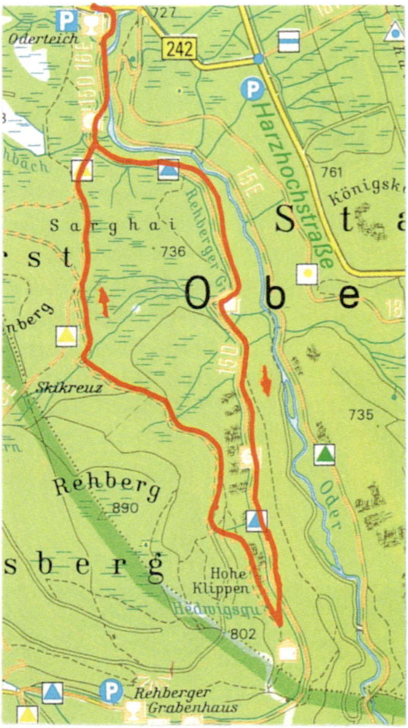

Talort: Sankt Andreasberg, die höchstgelegene Oberharzer Bergstadt (650 m), ist heilklimatischer Kurort und Wintersportplatz. Zu den Sehenswürdigkeiten zählen das Bergwerks- und Heimatmuseum im ehemaligen Silberbergwerk Grube Samson und der Besucherstollen.
Ausgangspunkt: Parkplatz am Oderteich (730 m) an der B 242 nordnordöstlich von Sankt Andreasberg.
Gehzeit: 3 Std. (12 km) Rundwanderung.
Anstieg: 200 Höhenmeter.

Waldbild und Blütenpracht sind während dieser meist sehr bequemen Rundwanderung eine Augenweide, Tiefblicke wechseln mit Fernsichten, und Informationstafeln vermitteln Wissen.

Vom Oderteich-Damm senkt sich der Weg zum **Rehberger Graben** hinab, einem Wassersammelgraben, der ab 1713 angelegt wurde, um den Mühlrädern der Andreasberger Bergwerke die Antriebsenergie zuzuführen; Schleusen leiten das Wasser der vom Rehberg herabströmenden Bäche noch heute dem Graben zu. Der Weg folgt dem Graben zwischen bemoosten Felsbrocken, Fichten, Heidekraut und Blaubeersträuchern, während der Hang steil in das von einem Gletscher der Weichsel-Zeit ausgeschürfte Tal hinabfällt; unten mäandriert die Oder.

Hinter der **Sarghai-Hütte**, einer Schutzhütte mit Rastplatz, mischen sich Ebereschen, Buchen und Bergahorne unter die Fichten, und wenig später ist der **Goetheplatz**, ein schattiger Rastplatz unter den eindrucksvollen **Hohen Klippen**, erreicht. Hier studierte Goethe die Kontaktzone zwischen Granit (unten) und Hornfels.

Der mit dem roten Dreieck markierte Weg wechselt auf einen Steig, der links der Klippen steil hinaufführt und nach einer Serpentine die **Wilhelm-Block-hütte** erreicht, eine Schutzhütte mit wundervoller Aussicht auf Wurmberg, Brocken und Achtermann; neben der Hütte sprudelt aus einem Rohr die **Hedwigsquelle**. Das rote Dreieck folgt dem Abbruch, knickt bald etwas

An den Hohen Klippen entdeckte der Wanderer und Naturforscher Goethe 1783/84 die Kontaktzone zwischen Hornfels und Granit.

unvermittelt nach links, zieht an einer Alm im Wald vorbei und erreicht einen breiten Weg, der sacht abwärts führt, bald sonnig und mit prächtiger Sicht auf den Hochharz. An der Kreuzung mit dem vom Skikreuz herabführenden Wanderweg wechselt die Route auf den **Rudolf-Meier-Weg**, der in stimmungsvollem Wald zurück zum Rehberger Graben leitet.

17 Radauwasserfall – Molkenhaus – Eckerstausee

Stimmungsvolle Wald-, Wiesen- und Talwanderung

Ausgangspunkt: Parkplatz (420 m) am Radauwasserfall an der B 4 südlich von Bad Harzburg (Talort von Wanderung 11).
Gehzeit: 3 Std. (10 km) Rundwanderung. Das Molkenhaus ist von Bad Harzburg mit dem Bus, nicht aber auf öffentlichen Straßen erreichbar.
Anstieg: 350 Höhenmeter.
Einkehr: Radauwasserfall (0 km), Molkenhaus (3 km).

Diese abwechslungsreiche Rundwanderung führt zum Familienausflugsgelände am Molkenhaus, erschließt einen Teil des wilden Eckertals und bietet am Eckerstausee herrliche Sicht auf den Brocken.
Neben dem **Radauwasserfall** führt ein Steig auf den 23 m hohen Wasserfallfelsen. Unter Buchen folgt der Weg kurz dem Graben, der das Wasser der Radau dem Felsen zuschleust, bis das rote x links abzweigt und nicht unsteil den Winterberg-Westhang erklimmt; Straßen- und Steinbruchlärm aus dem Tal ersterben leider erst hinter der **Rudolfklippe**. Wenig später ist das **Molkenhaus** (513 m) erreicht, eine vielbesuchte Ausflugsgaststätte mit Grill- und großem Kinderspielplatz am kleinen **Hasselteich**. Am Spielplatz leitet das blaue x auf dem **Braunschweiger Weg** aussichtsreich über Wiesen und dann in das **Eckertal** hinab. Neben dem Fluß zieht der Weg aufwärts im tief eingeschnittenen Tal mit seinen fast urwaldartig unberührt wirkenden, von hohem Laubwald bestockten Flanken, dramatischen Felsabstürzen, von Schwefelflechten überzogenen Klippen und üppigen Vegetation. Werksanlagen zwingen den Weg zuletzt steil aus dem Tal hinaus, dann blinkt der **Eckerstausee**; er dient dem Hochwasserschutz und der Trinkwasserversorgung. Die Route wechselt auf der Dammkrone (559 m), in deren Mitte ein Pfahl die Ex-DDR-Grenze markiert, ans Ostufer, wo sich wenig später ein Treppchen findet; von der Kuppe oberhalb des Treppchens bietet sich unter alten Buchen ein wunderbarer Blick über den See hinweg auf den Brocken.
Nach der Rückkehr über die Staumauer zieht die asphaltierte Werksstraße im Wald aufwärts zur Schutzhütte an der Kreuzung mit dem Kaiserweg (588 m) und senkt sich hinab, bis der erste grasige Waldweg geradeaus

abzweigt und stimmungsvoll neben dem **Lohnbach** talwärts zieht, begleitet von zauberhaften Schachtelhalmwäldchen. An einem Parkplatz erreicht der Weg das **Radautal** und folgt der Radau bzw. zuletzt dem Wasserfall-Wassergraben zurück zum Ausgangspunkt.

Das Wasser der Radau wird in einem Graben einem Felsen zugeleitet und über ihn hinabgestürzt. So entstand eine vielbesuchte Oberharz-Attraktion. Neben dem Radauwasserfall finden sich eine Gaststätte und Kinderspielplätze.

18 Bad Harzburg – Großer Burgberg, 483 m

Zur geschichtsträchtigen Harzburg auf dem aussichtsreichen Burgberg

Talort: Wo die Radau das Gebirge verläßt, liegt am Harz-Nordrand Bad Harzburg (300 m, 23 500 Ew.), mondänes Heilbad mit Sole- und Schwefelquelle und Moorbädern, heilklimatischer Kurort mit breitgefächertem kulturellem Angebot und internationalem Spielbank-Publikum.

Ausgangspunkt: Talstation (310 m) der Burgberg-Seilbahn an der B 4 in der Oberstadt von Bad Harzburg.

Gehzeit: 2 Std. (4 km) Auf- und Abstieg auf derselben Route. Der Gipfel ist auch mit der Seilbahn, nicht jedoch auf Straßen erreichbar.

Anstieg: Knapp 200 Höhenmeter.

Einkehr: Ausgangspunkt (0 km), Burgberg (2 km).

In schattigem Wald führt dieser Spaziergang auf den aussichtsreichen Großen Burgberg mit den Ruinen der Harzburg, die der Salier Heinrich IV., der Canossa-Kaiser, als Zwingburg gegen die Sachsen errichten ließ.

Nach Überschreiten der B 4 auf der Fußgängerbrücke erklimmt der **Herzogsweg** in hohem Buchen-Eichen-Fichten-Wald den Burgberg. Bald verstummen die Straßengeräusche, und der Blick schweift hinab ins **Kalte Tal** mit dem Wirtshaus »Sennhütte« sowie auf den gegenüberliegenden Ettersberg (500 m); durch das idyllische Tal verläuft der Rückweg von Wanderung 19. Ein hervorragender Weitblick auf Bad Harzburg und das Harzvorland bietet sich auf dem **Großen Burgberg** (483 m) an der **Canossa-Säule**; rechts ragt aus den Wäldern das Kreuz des Deutschen Ostens (→Wanderung 19), im Südsüdosten rundet sich der Brocken (→Wanderung 6).

Gekrönt wird der Burgberg von den Ruinen der **Harzburg**. König Heinrich IV., der 1084 von einem Gegenpapst zum Kaiser gekrönt wurde, ließ sie um 1065 errichten. Während des Sachsenaufstands 1073 in ihr eingeschlossen, entrann er durch Flucht, angeblich durch einen Stollen des erhaltenen **Burgbrunnens**; dem Fluchtweg Heinrichs zu den Südharzer Klöstern folgt heute der 43 km lange **Kaiserweg** bis Walkenried. Nach dem Frieden von Gerstungen (1074) zerstörten die Sachsen die Burg. Als Heinrich die Sachsen 1075 in der Schlacht bei Hohenburg an der Unstrut besiegt hatte, ließ er die Burg wieder aufbauen. Neue Empörungen vertrieben ihn abermals, und die Burg sank zum zweiten Mal in Trümmer. Später schenkte Kaiser Friedrich I. Barbarossa die Burg Heinrich dem Löwen, und dieser ließ sie um 1180 wiederherstellen. In der Folgezeit sank die Harzburg zur Raubburg herab. 1650 wurde sie unter Herzog August geschleift.

Ein Rundbogen überbrückt den Graben zwischen West- und Ostburg.

Auf der Kuppe des Großen Burgbergs befand sich der Überlieferung nach lange vor der Harzburg eine Opferstätte des Sachsengottes Krodo. Der **Krodoaltar**, auf dem er verehrt worden sein soll, ist in Goslar zu besichtigen.

19 Bad Harzburg – Uhlenkopf, 592 m – Rabenklippen

Bequeme Waldwanderung mit hervorragenden Aussichtsstellen

Ausgangspunkt: Talstation (310 m) der Burgberg-Seilbahn an der B 4 in der Oberstadt von Bad Harzburg (Talort von Wanderung 18).

Gehzeit: 4 Std. (14 km) Rundwanderung.
Anstieg: 300 Höhenmeter.
Einkehr: Burgberg (2 km), Rabenklippen (9 km).

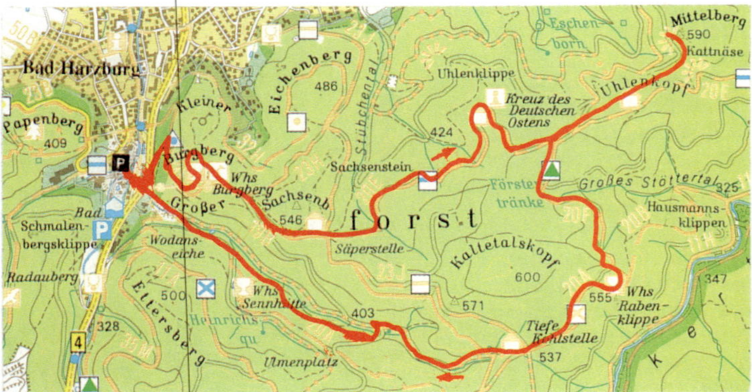

Zu den Höhepunkten dieser Waldwanderung zählen die in der Regel ohne Massentourismus erlebbaren Aussichtsstellen.
Der Aufstieg zur **Harzburg**-Ruine auf dem aussichtsreichen **Großen Burgberg** (483 m) erfolgt wie Wanderung 18. Von der Seilbahn-Bergstation senkt sich der Weg zur Wegespinne **Antoniusplatz** (461 m). Hier weist das Schild »Kreuz des Deutschen Ostens« auf einen Waldweg, der den Sachsenberg in sachtem Anstieg südlich umrundet und die Schutzhütte am Wegekreuz **Säperstelle** (492 m) erreicht. Die Markierung blauer Strich leitet am **Sachsenbrunnen** vorbei und zieht durch immer wieder von kleineren Aussichtsstellen durchbrochenen Fichtenwald hinauf zum monumentalen **Kreuz des Deutschen Ostens** (555 m), um das sich Gedenksteine von Vertriebenen-Landsmannschaften gruppieren. Am nächsten Wegedreieck – in seiner Mitte stehen gepflanzte Ebereschen – zeigt sich hinter der **Paulischneise** der unbewaldete **Uhlenkopf** (592 m). Die Aussicht von dieser Graskuppe, die ohne Markierung erreicht wird, ist überwältigend: Tief schneidet das Eckertal in die Bergwelt, Rücken rundet sich hinter Rücken, und über allem hebt

Auf dem steilen Burgberg-Hang stockt wundervoller Nadel- und Laubwald. Oben auf dem Plateau rauschen uralte, mächtige Eschen.

wolkenverhangen oder in strahlendem Blau der Brocken sein Haupt; hervorragende Sicht auf das Harzvorland bietet die benachbarte **Kattnäse**.
Zurück am Ebereschen-Wegedreieck, leitet der blaue Strich auf breitem Forstweg hinab zu den **Rabenklippen**. Von der geländergesicherten Klippe neben der Gaststättenterrasse bietet sich eine wundervolle Aussicht über das tief eingekerbte Eckertal hinweg auf den Brocken.
Nun leitet ein rotes x Richtung Bad Harzburg. An der Wegespinne **Tiefe Kohlstelle** (537 m) zweigt hinter der Schutzhütte ein Weg halbrechts in das idyllische **Kalte Tal** hinab ab. Kurz nachdem hier die für den öffentlichen Verkehr gesperrte Straße erreicht ist, wechselt die Route links auf den **Ministerweg**, der dem Bach in schönem Laubwald talabwärts folgt.

20 Goslar/Maltermeisterturm – Rammseck, 565 m

Auf Silber und Gold hoch über Goslar

Talort: Am Harz-Nordrand liegt Goslar (300. 48 000 Ew.) mit seinem reichen historischen Stadtbild. Die Bauten ab der Romanik belegen die wirtschaftliche Blüte dieser Stadt, die Lieblingsaufenthalt der salischen Kaiser war. Heinrich III. ließ im 11. Jh. die Kaiserpfalz errichten, die im 19. Jh. historisierend rekonstruiert wurde und mit der Doppelkapelle St. Ulrich aus dem 11./12. Jh. verbunden ist; gegenüber lag der (abgebrochene) Dom, von dem die Vorhalle erhalten ist; hier sind Teile der Städtischen Sammlungen untergebracht, so der Kaiserstuhl aus dem 12. Jh.

Ausgangspunkt: Parkplatz (410 m) am Maltermeistertum südlich von Goslar; Abzweigung von der B 241 im Stadtteil Goslar-Rammelsberg.
Gehzeit: 2 Std. (5 km) Rundwanderung.
Anstieg: 200 Höhenmeter.
Einkehr: Maltermeisterturm (0 km).

Blick vom Rammseck über die Schutzhütte und das Bergtal hinweg zur turmgekrönten Schalke. Der verfichtete Herzberg trennt das Bergtal vom Tal der Gose (jenseits vom Herzberg). Nach dem Flüßchen Gose (der Name war ursprünglich nicht anrüchig) ist die Kaiserstadt Goslar benannt.

Goslar kurz nach acht. Während der Himmel noch blau ist (aber das Rammseck im Schatten liegt), ist schon eine Stunde später die Smogwand zu erkennen, die sich im Lauf des Vormittags verdichtet und als grauschwarzes Mahnmal am Horizont steht. Sie ist von allen Gipfeln zu beobachten, die Sicht auf das Harzvorland bieten, auch vom Brocken.

Kurz, aussichtsreich und sehr steil erklimmt diese Wanderung die Aussichtskanzel Rammseck auf dem Rammelsberg und führt dann bequem und mit schöner Sicht zurück.

Der **Rammelsberg** ist jener Ort, dem die ehemals reichsfreie und Hansestadt Goslar im Mittelalter ihren Reichtum verdankte. Schon 968 wurde auf dem Rammelsberg, einer der reichsten Erzlagerstätten der Erde, der Bergbau aufgenommen. Gewonnen wurden Blei-, Zink- und Kupfererze sowie Silber und Gold, wobei der Schwerpunkt im Mittelalter auf der Silber- und Kupfergewinnung lag. 1988 wurde der Erzbergbau aufgegeben, da die Vorräte weitgehend erschöpft sind. Der **Maltermeisterturm** ist der Rest einer um 1500 erbauten Bergwerksanlage. Beim **Winkler Wetter-Schacht** zweigt gegenüber der Gaststätte ein Pfad ab, der sich in Serpentinen in schönem Kiefernwald durch ein **Blockhalden-Naturschutzgebiet** windet und ab dem **Communion-Steinbruch** immer wieder prächtige Tief- und Weitblicke bietet; Lehrtafeln informieren über das Gestein. Steil zieht der Pfad weiter aufwärts zur **Rammseck-Aussichtskanzel** (565 m), neben der eine Hütte Schutz bei Unwettern gewährt. Vom Rammseck leitet der grüne Punkt hoch über dem Tal auf aussichtsreichem Hangweg – unten blitzt der **Herzberger Teich** – zur liebevoll eingerichteten **Waldschrathütte**, einer Schutzhütte auf dem Sattel zwischen Rammelsberg und Sidekum. Nun führt der **Borchersweg** zum Maltermeisterturm zurück, zunächst als Wald-, dann als aussichtsreicher Hangweg, zuletzt neben den ehemaligen Steinbrüchen am Rammelsberg.

21 Okerstausee – Schalke, 762 m

Bergwanderung mit hervorragender Aussicht

Talort: Der Luftkurort Schulenberg entstand 1954, als die ursprüngliche Bergbau-, Hütten- und Waldarbeitersiedlung in den Wassern des Okerstausees verschwand. Die größte Oberharzer Talsperre dient dem Hochwasserschutz und der Bereitstellung von Rohrwasser für die Trinkwasserversorgung – sie ist ein vielbesuchtes Wassersportzentrum und Angelparadies; im Sommer verkehrt ein Aussichtsdampfer. Unterhalb des Ausgangspunkts, aber auch auf der Dietrichsberg-Halbinsel neben der Bundesstraßenbrücke, wird gebadet. Um den See führt ein Rundweg.

Ausgangspunkt: Bushaltestelle und Parkplatz (420 m) an der L 517 von Schulenberg nach Claus- thal-Zellerfeld an der Abzweigung nach Schulenberg.

Gehzeit: 4 Std. (13 km) Rundwanderung.

Anstieg: 400 Höhenmeter.

Einkehr: Festenburg (8 km).

Diese aussichtsreiche und meist sonnige Wanderung folgt überwiegend bequemen Wegen. Badefreuden gewährt der idyllische Schalker Teich.

Der Okerstausee – auch »Vierwaldstätter See des Harzes« genannt.

Nach 150 m neben der Landstraße zweigt ein asphaltierter Forstweg in das unter Naturschutz stehende **Riesenbachtal** hinauf ab – begleitet vom Plätschern des unbegradigten Bachs, von farbenfrohen Wiesen und den Tafeln eines Waldlehrpfads. An der ersten Schutzhütte zweigt rechts der **Hasselfelder Weg** ab und schwingt zur **Altetals-Köthe**, einer Schutzhütte mit Tischen und Bänken, hinauf. Sonnig zieht nun der **Heidenstieg** Richtung Altetalskopf mit weiter Aussicht auf den Acker-Bruchbergzug, und nach Durchschreiten eines kleinen Waldstücks zeigt sich der Brocken. Von der wenig später erreichten **Heinz-Lüer-Hütte**, einer Schutzhütte mit Bänken und Tisch am **Altetalskopf** (694 m), schweift der Blick auf Clausthal-Zellerfeld. Weiter geht es auf einem Forstweg und an der nächsten Verzweigung auf dem **Grenzweg** hinauf zur **Schalke**. Neben dem französischen Hochsicherheitsgelände mit bombastischem Spionageturm fristet der **Schalker Aussichtsturm** ein kümmerliches Dasein. Die Entwaldung hat ihn überflüssig gemacht: Frei schweift der Blick auf Brocken, Wurmberg, Bruchberg und Acker sowie auf Clausthal-Zellerfeld und einen Zipfel von Altenau.
Nun geht es hinab zum Ort **Festenburg**, meist auf einem Waldpfad, und weiter zum idyllisch gelegenen **Schalker Teich**. Ein Asphaltweg führt vom Teich das sonnige Schalketal abwärts, bis vor den ersten Häusern von **Oberschulenberg** der Weg Richtung Riesenbach abzweigt. Er berührt einen alten **Lochstein**, umgeht im Wald versteckte Klippen und senkt sich dann ins **Silberbachtal** hinab. Hier leitet ein Asphaltweg ins Riesenbachtal zurück.

22 Romker Wasserfall – Kästeklippen, 605 m

Romantische Klippenwanderung über dem wilden Okertal

Talort: Wo die Oker am Harz-Nordrand das Gebirge verläßt, liegt die industriell geprägte Stadt Oker, die seit 1972 Teil von Goslar (→Wanderung 21) ist. Oker entstand 1527 aus einer Siedlung von Hüttenarbeitern und erhielt 1952 das Stadtrecht.
Ausgangspunkt: Parkplatz (340 m) und Bushaltestelle an der Gaststätte Romkerhalle an der B 498 Oker-Altenau.
Gehzeit: 2 Std. (6 km) Rundwanderung. Die Kästeklippen sind von Bad Harzburg auch mit dem Bus, nicht jedoch mit dem Auto erreichbar.
Anstieg: 300 Höhenmeter.
Einkehr: Romkerhalle (0 km), Kästehaus (2 km).

Diese aussichtsreiche Wald- und Klippenwanderung erschließt den naturschönsten und dramatischsten Teil des Okertals von oben. (Die einst klassische Wanderung auf dem Grund des Okertals kann heute wegen der B 498 nur noch bedingt empfohlen werden).
Der **Romker Wasserfall** stürzt über einen Kalkfelsen in ein Becken, aus dem die Wasser der Kleinen Romke unter der Straße der Oker zugeführt werden. Links vom Becken führt ein steiler Steig (Abkürzung), weiter bundesstraßenabwärts aber ein bequemer Weg 50 Höhenmeter auf die **Aussichtsplattform** mit Sitzbank am Ansatz des Wasserfalls. Dieser entpuppt sich als künstlich angelegt: Ein Graben führt ihm das Wasser zu.
Das Schild »Käste« leitet weiter aufwärts, anfangs etwas steil, ein Stück neben Skelettwald, dann aber auf anmutigem Waldsteig neben Granitblökken, bis die beeindruckende **Feigenbaumklippe** erreicht ist; weit schweift der Blick vom geländergesicherten Aussichtsfelsen über das Tal und bis ins Harzvorland. Kurz darauf passiert der Weg die **Mausefalle**, eine wollsackverwitterte Granitburg mit Fast-Wackelstein und tonnenschwerer »Mausefallen«-Platte, zieht dann hinüber zur **Hexenküche** mit einer Informationstafel zur Entstehung der Wollsackverwitterung und erreicht neben der Gaststätte die unschwer begehbaren **Kästeklippen** (605 m). Sie vermitteln einen dramatischen Tiefblick; auf der Talseite – über dem granitenen **Alten vom Berge** – sind sie geländergesichert.

Der Gaststättenzufahrtsweg führt hinab zur Bushaltestelle, dann geht es auf bequemem Weg in zauberhaftem Fichtenhochwald Richtung Treppenstein bzw. Romkerhalle hinab. Der **Treppenstein** ist geländergesichert auf natürlich wirkenden Felsstufen zu ersteigen und bietet noch einmal gute Aussicht.

Der Romker Wasserfall wurde 1863 angelegt.

23 Granestausee

Rund um den stillen Granestausee

Talort: Die Stadt Langelsheim (204 m, 13 500 Ew.) liegt am Harz-Nordrand an der Innerste. Im Gebiet von Langelsheim, das urkundlich in ottonischer Zeit erstmals erwähnt wird, wurde ab dem 13. Jahrhundert Erz vom Goslarer Rammelsberg (→Wanderung 21) verhüttet. Das Niedersächsische Bergbaumuseum mit Besucherstollen im Ortsteil Langelsheim-Lautenthal vermittelt einen Einblick in die mehr als 1000jährige Geschichte des Erzbergbaus.

Ausgangspunkt: Parkplatz (300 m) unterhalb der Sperrmauer des Granestausees südöstlich von Langelsheim.

Gehzeit: 4 Std. (16 km) Rundwanderung.

Anstieg: 150 Höhenmeter.

Einkehr: Ausgangspunkt (0 km).

Der reizvoll von bewaldeten Höhen umrahmte Granestausee ist neben dem Eckerstausee der einzige unter den sechs großen Oberharzer Talsperren, an denen keine Straße vorbeiführt; anders als der Eckerstausee (→Wanderung 17) ist er aber rasch erreichbar. Die Ruhe und die gute Erreichbarkeit machen den See zum bevorzugten Ausflugsziel von Familien mit Kindern und von Wanderern, die in naturschöner Umgebung ausspannen wollen. Da der Granestausee der Trinkwassergewinnung dient, ist das Baden verboten. Mit einem Fassungsvermögen von 45 Mio. m^3 ist er nach dem Okerstausee (→Wanderung 21) die zweitgrößte Talsperre im Oberharz.

Äußerlich unterscheidet sich der Granestausee kaum von anderen großen Oberharzer Talsperren. Das Fehlen von öffentlichen Straßen und Motorenlärm an den Ufern zeichnet ihn aus: Er ist eine Oase der Stille.

Der Weg folgt ohne nennenswerte Anstiege dem vielbuchtigen Ufer, wobei die Wanderung je nach Tageszeit und Sonnenstand links- oder rechtsherum erfolgt. Bänke und Schutzhütten laden immer wieder zur Rast.
Nach Überschreiten des Staudamms folgt der mit einem grünen Dreieck markierte Weg dem vielbuchtigen Ostufer südwärts. Nach und nach schiebt sich die Halbinsel mit dem bewaldeten Lütjenberg (386 m) ins Wasser und versperrt den Blick auf das Westufer, bis der Weg an der Ausmündung des langgestreckten Granetals auf den **Granebach** trifft, nach dem der See benannt ist.

24 Innerstestausee – Lindtalskopf, 556 m

Der schönste Aussichtsgipfel im Nordwestharz

Talort: Der Ferienort Wolfshagen im Harz liegt auf 250 m in einem Bachtal zwischen Innerste- und Granestausee. Ein dichtes Netz von Wanderwegen erschließt die waldreiche Umgebung. Musikinteressierte finden in Wolfshagen das Geburtshaus des Flügelbauers Heinrich Steinweg, der 1853 in New York die Firma Steinway & Sons gründete.
Ausgangspunkt: Staudamm des Innerstestausees (261 m) an der Landstraße L 515 Langelsheim-Lautenthal westlich von Wolfshagen.
Gehzeit: 3 Std. (10 km) Auf- und Abstieg auf derselben Route.
Anstieg: 300 Höhenmeter.

Auf bequemen Wegen führt diese Waldwanderung auf den schönsten Aussichtsberg im Nordwestharz; es ist ein völlig stiller Gipfel ohne Rummel. Nach Überqueren der Staumauer finden sich gleich links am Ufer Plätze für das Badevergnügen nach der Wanderung; der **Innerstestausee** dient dem Hochwasserschutz und zählt zu den wenigen Harz-Talsperren, auf denen Wassersport erlaubt ist. Zunächst aber hält der Fernwanderweg x geradeaus auf den Wald zu, führt in diesem pfadartig ein kurzes Stück halbrechts und mündet auf den breiten **Lindtalsweg**. Dieser erklimmt den bewaldeten Ostrücken der **Steileliet**, wobei es an der Verzweigung ohne Wegweiser geradeaus geht (nicht: Steilelietweg).

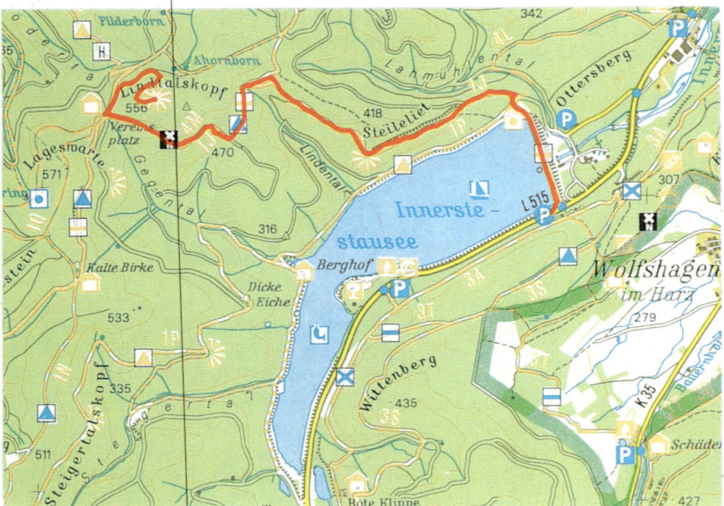

Wo der Weg (auf etwa 370 m) unterhalb der Steileliet-Kuppe ins Lindental hinaufschwingt, fällt der Blick hinab auf den Innerstestausee und seinen verlandenden Zuflußbereich sowie auf die Berge neben dem Innerstetal. Das Innerstetal zählt zu den anmutigsten besiedelten Oberharz-Tälern. Der See ist dem nichtmotorisierten Wassersport freigegeben.

Der Weg folgt oben am Hang dem tiefen, unter dem Blätterdach schier unergründlichen **Lindental** quellwärts, quert den Talschlußbereich und umrundet den Lindtalskopf; der Aufstieg von hier aus ist wegen einer Wildruhezone nicht möglich. Wenig später ist die Wegespinne **Vereinsplatz** (496 m) erreicht; wer auf dem breiten Weg kurz rechts geht, findet die etwas versteckt liegende Schutzhütte, von der aus sich eine schmale, aber dennoch gute Aussicht auf das westliche Harzvorland bietet.
Zwischen Hütte und Pfahl führt ein wenig benutzter Grasweg in gut 10 Minuten zum **Lindtalskopf** (556 m) hinauf, der trotz hölzernem Aussichtsgerüst einsam geblieben ist: Er bietet eine herrliche Rundschau auf den Oberharz und den Brocken, auf den Nordwestharz und das Harzvorland. Die aussichtsreiche Alm auf der Gipfelkuppe fordert zum Picknick heraus.

25 Iberger Tropfsteinhöhle – Albertturm – Schweinebraten

Tropfsteinhöhlenbesuch mit Wald-Quiz und Aussichtsturm

Talort: Am Harz-Westrand liegt das Moorheilbad Bad Grund (350 m, 3000 Ew.), die älteste der sieben Oberharzer Bergstädte. Sie lebt heute noch in hohem Maß vom Erzbergbau (Grube Hilfe Gottes). Sehenswert außer Bergbau- und Uhrenmuseum ist die evangelische Pfarrkirche (1640), ein typischer Harzer Holzbau auf hohen Erdgeschoßmauern. Ebenfalls im Stadtgebiet, 1 km westlich vom Ausgangspunkt, erhebt sich neben der B 242 der Hübichenstein (412 m), der sagenumwobene Wohnsitz des Zwergenkönigs; ein geländergesicherter Steig führt zu einer Nebenspitze dieses 40 m aufragenden Felsturms. Auf der Naturbühne unterhalb des Hübichensteins findet am 30. April eine Walpurgis-Inszenierung statt.
Ausgangspunkt: Parkplatz an der Iberger Tropfsteinhöhle (400 m) an der B 242 nordnordöstlich von Bad Grund.

Gehzeit: 2 Std. (3 km) Rundwanderung einschließlich Höhlenbesichtigung (½ Std.). Für den Wald-Quiz-Pfad sind zusätzlich 1½ Std. einzuplanen.
Anstieg: Knapp 200 Höhenmeter.
Einkehr: Albertturm (1 km).

Diese Wanderung verbindet den Besuch der Iberger Tropfsteinhöhle mit dem weiten Blick vom Aussichtsturm auf dem Iberg und einem Wald-Quiz-Pfad, der lehrreiche Unterhaltung für Jung und Alt bietet.

Vom Parkplatz leitet der Weg durch Buchenhochwald zur **Pfannenbergklippe**, in deren Abri (Halbhöhle) sich der Eingang zur **Iberger Tropfsteinhöhle** befindet. Die Höhle ist eine von vielen im Massenkalk des Ibergs, der ursprünglich ein Korallen- und Algenriff im Devonmeer war. Fließendes Wasser erweitert die Höhlensysteme bis heute. Somit bildet der Iberg ein gewaltiges Wasserreservoir, aus dem sich unter anderem Bad Grund versorgt.

Nach dem Besuch der Höhle zieht der **Bösche-Stieg** steil aufwärts zum **Albertturm** (555 m). An der Wegeverzweigung unterhalb des Aussichtsturms ist der kurze Umweg zur **Bismarcksklippe** mit Bänken und Tisch sowie zu den sogenannten **Gletschertöpfen** zu empfehlen; die Vertiefungen im Gestein mögen Gletschertöpfen entfernt ähneln. Kurzweil und Wissenserweiterung verbindet dann am Albertturm der **Wald-Quiz-Pfad** (1,5 km), bei dem auch Geschicklichkeitsübungen abverlangt werden.

Vom Albertturm steigt der breite **Turmweg** sacht nach Nordosten an und überschreitet im Fichtenwald die höchste Iberg-Erhebung (563 m), ehe ein schmaler Waldweg rechts hinab zur Wegespinne **Schweinebraten** führt. Von den Bänken an der **Schweinebraten-Köthe**, einem beliebten Grillplatz, fällt der Blick hinab in das Harzvorland. Von der Schweinebraten-Wegespinne leitet kurz ein Asphaltweg abwärts; von ihm zweigt halbrechts ein nicht beschilderter Waldweg ab, der steil zum Ausgangspunkt zurückführt.

Der Adler auf der durch künstliche Steighilfen nicht erschlossenen höchsten Felsspitze des Hübichensteins, des Wohnsitzes des Zwergenkönigs Hübich, schaut hinüber zum buchengeschmückten Iberg.

26 Dammgraben – Wolfswarte, 918 m – Bruchberg, 927 m

Auf das Dach des Westharzes

Ausgangspunkt: Bushaltestelle Dammgraben (600 m) an der L 504 östlich von der Fünf-Täler-Stadt Altenau (Talort von Wanderung 30).
Gehzeit: 4 Std. (13 km) Rundwanderung.
Anstieg: 350 Höhenmeter.

In mehreren Zuschriften ist darauf hingewiesen worden, daß diese abwechslungsreiche Wanderung passagenweise gefährlich sei (in der Steilen Wand und auf dem Bruchberg); hier gilt also um so mehr das auf S. 14/15 zum Thema »Gefahren« Gesagte. Wer die Wanderung entschärfen will, startet beim Hedwigsblick, steigt auf die Wolfswarte und geht (auch aus Naturschutzgründen) bitte *nicht* über den Bruchberg, sondern benutzt den Forstweg. Bleibt als Gefahrenquelle die Steile Wand: Dort erwartet in einem Steilhang ein für Mittelgebirgsverhältnisse ganz schön steiler, teilweise grasiger Pfad.

Der mit dem roten Punkt markierte Weg folgt dem **Dammgraben** aufwärts, einem jener Wassersammelgräben, die im 18./19. Jahrhundert angelegt wurden, um den Mühlrädern des Oberharzer Bergbaus die Antriebsenergie

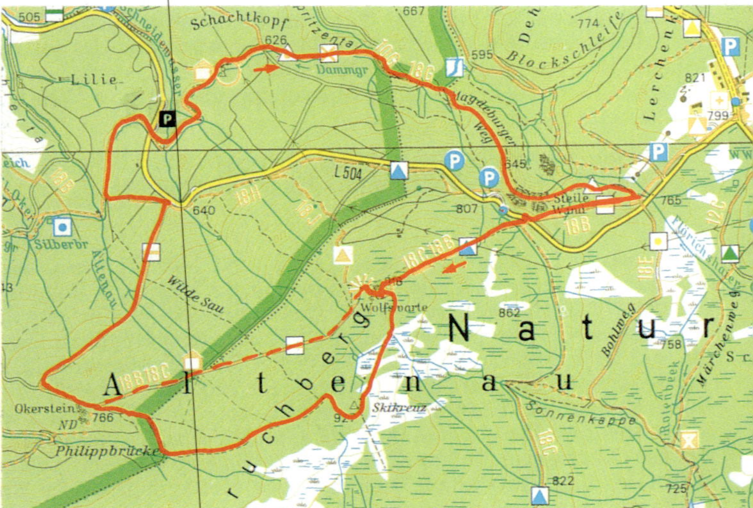

In den Hochmooren am Bruchberg flockt an Mittsommer das Wollgras.

zuzuführen (→Foto Seite 9). Hinter der »Wiege« des Dammgrabens am Hang des Großen Spritzentals beginnt der **Magdeburger Weg**. Er zieht zu einer Schleuse am Bergbach **Nabe** und schwingt sich auf dem zweiten Rücken ab Schleuse zur **Steilen Wand** hinauf, einem Ensemble zerklüfteter Granit- und Hornfelsklippen (→Wanderung 27).

In Straßennähe übernimmt die Markierung roter Strich die Routenführung, zunächst Richtung Hedwigsblick. Nach Queren der Straße zieht der **Wolfswarter Stieg** zur **Wolfswarte** (918 m) hinauf, einem Aussichts-Thron aus Quarzit. Auf der »gefährlichen« Pirsch über den benachbarten Bruchberg hat den Wanderer eine wunderbare Urwald- und Moorszenerie empfangen, die in ihrer einsamen Schönheit ans norwegische Fjell erinnerte. Aber das kann durchaus gefährlich sein, halten wir uns also diesmal an den bequemen, fast schnurgeraden Forstweg (roter Strich). Beim entsprechenden Hinweisschild lohnt der Abstecher zum Naturdenkmal **Okerstein**, einem Ensemble mächtiger Quarzitfelsen – aber Vorsicht, es gibt keine Sicherungen. Nach diesem Abstecher leitet roter Strich bequem und anfangs aussichtsreich weiter, wechselt vor der Straße links hinab zum Dammgraben und folgt diesem zurück zum Ausgangspunkt.

27 Steile Wand

Durch die Wände und Wälder des Nabentals

Ausgangspunkt: Parkplatz Hedwigsblick an der Bushaltestelle Steile Wand (810 m) an der L 504 östlich von Altenau (Talort von Wanderung 30).
Gehzeit: 2 Std. (6 km) Rundwanderung. Wer nur die Steile Wand besichtigt, ohne ins Tal abzusteigen, hat 3 km vor sich.
Anstieg: 250 Höhenmeter.

Die Steile Wand zählt zu den dramatischsten, wegen ihrer Nordausrichtung aber auch sonnenlosesten Gegenden im Oberharz. Während die Aussichtskanzel **Hedwigsblick** oberhalb der Wand nur einen Blick über Wipfel und militärische Lauschanlagen gewährt, erschließt diese unbequeme, nicht ganz ungefährliche Wanderung die Wand auf einem felsigen Steig; beim anschließenden Gang durchs Trogtal sind Orientierungssinn und Entdeckerfreude von Vorteil.
Der Pfad beginnt links am Ende der Parkplatzleitplanke vor dem Bach, folgt diesem in grasreichem Fichtenhochwald zuweilen steil abwärts und stößt auf 680 m auf den mit einem roten Punkt markierten **Magdeburger Weg**. Ein Stück links leitet eine **Schleuse** das Wasser des über zwei anmutige Kaskaden springenden Baches dem **Dammgraben** (→Wanderung 26) zu; liegt das Bett unterhalb der Schleuse leer, gibt es im Tal keinen Wasserfall. Der Magdeburger Weg schwingt sich – hier schlecht markiert – auf den zweiten Rücken ab Schleuse und wechselt in die Flanke, während sich über dem Steig die Felsen zur **Steilen Wand** aufrichten, einem Ensemble von zerklüfteten Granit- und Hornfelsklippen, die als Karwände eines lokalen Gletschers der Weichsel-Vereisung gedeutet werden; überdacht von bis zu urwaldartig unberührtem Fichtenwald, überwachsen von üppiger Vegetation. Nach und nach weitet sich der Steig zum Weg und trifft in Straßennähe auf eine Verzweigung; wer ins Tal absteigt, hält sich Richtung Torfhaus und geht nach Überschreiten des **Flörichshaier Grabens** am ersten breiten Weg links. Nach Unterqueren eines Skilifts folgt die Route dem rechten Pistenrand kurz abwärts, bis ein Waldweg rechts abzweigt. Als Grasweg führt er unter Fichten talwärts, begleitet vom Rauschen des Flörichshaier Grabens, bald mit Blick in den tief ausgeschürften Trog, dem der Bach zwischen Moränenrücken unsichtbar entgegenbraust. Zuletzt leitet ein Asphaltweg abwärts, bis ein **Tümpel** erreicht wird; je nach Wassermenge gibt es nun den kleinen **Nabentaler Wasserfall**, oder es gibt ihn nicht.

Oberhalb des Tümpels zweigt vom Asphalt ein schlechter Weg links ab, durchschreitet den Bach und kurvt links. Wenn bald Traktorspuren rechts hinauf abzweigen, folgen wir ihnen auf grasigem Weg, überschreiten einen Wassersammelgraben, überklettern auf einer Holzleiter den Zaun, folgen weiter dem Grasweg, bis wenig später rechts ein Pfad abzweigt. Der Pfad überspringt erneut auf einer Leiter einen Zaun und führt dann durch die Trogwand zur Schleuse zurück.

Im grasreichen Fichtenhochwald während des Abstiegs zur Schleuse.

28 Osterode – Hanskühnenburg, 811 m

Großartige Höhenwanderung auf dem Ackerkamm

Talort: Die Kreisstadt Osterode (217 m, 26 700 Ew.) ist das westliche Tor zum Harz. Die Walfischrippe am Rathausgiebel (1552) in der Fachwerkhaus-Altstadt sollte vor Überschwemmungen der Söse schützen. Heute ist die Söse zur Trinkwasserversorgung aufgestaut; reizvolle Wanderwege erschließen die Umgebung des Sees.

Ausgangspunkt: Parkplatz (280 m) am Krankenhaus am Ostrand von Osterode.
Gehzeit: 6 Std. (22 km) Rundwanderung; davon 3½ km zur Kote Feenhöhle (Rastplatz) und 5 km zur Ackerquell-Hütte (aussichtsreiche Schutzhütte).
Anstieg: 700 Höhenmeter.
Einkehr: Hanskühnenburg (10 km).

Dies ist eine der prächtigsten und abwechslungsreichsten Höhenwanderungen im Harz. Teils schattig, meist sonnig, anfangs als Weg, dann als Pfad und felsiger Steig, gelegentlich steil und immer wieder mit bestechender Aussicht zieht der **Nasse Weg** über den bewaldeten Rücken zwischen Söse- und Alpenketal auf den **Ackerkamm** hinauf, wobei das blaue Dreieck die Route weist. Während in tieferen Lagen wundervoller Nadel- und Laubhochwald stockt, schweift der Blick vom meist entwaldeten Kamm wie von einem Dachfirst in alle Richtungen. Die Quarzit-Klippen bilden nicht immer die spektakulärsten Punkte; oft sind sie zu Block- und Schutthalden verwittert. Die **Hanskühnenburg** mit dem Aussichtsturm kommt bereits am Schindelkopf in Sicht, kurz nachdem der Blick auf den Sösestausee gefallen ist; zur Aussicht siehe Wanderung 29.
Von der Hanskühnenburg schwingt sich der breite **Hubert-Lindner-Weg** zum **Teilungspfahl** (743 m) hinab. Dort leitet der grüne Punkt über die **Ackerstraße**, einen nichtasphaltierten Forstweg, in schönem Wald zum Rastplatz mit der **Kote Feenhöhle** (470 m) zurück. Dieser ruhige, schattige Rückweg bietet kaum Aussicht, ist aber wohltuend, wenn die Sonne auf dem Kamm allzu erbarmungslos gebrannt hat.

Die Hanskühnenburgklippe ist ein nur noch von wenigen Nadelbäumen umgebener Quarzitfelsen unweit der Aussichtsturm-Gaststätte.

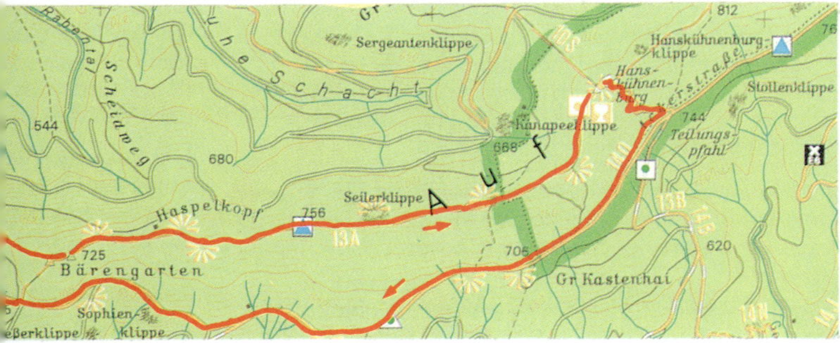

29 Stieglitzecke – Acker, 865 m – Hanskühnenburg

Moor- und Waldwanderung über die höchsten Acker-Höhen

Ausgangspunkt: Parkplatz (800 m) an den Windrädern bei der Bushaltestelle Stieglitzecke an der B 242 südlich von Altenau (Talort von Wanderung 30) im Sattel zwischen Acker und Bruchberg.
Gehzeit: 4 Std. (14 km) Rundwanderung.
Anstieg: 200 Höhenmeter.
Einkehr: Hanskühnenburg (6,5 km).

Der alte Ackerkammpfad im Fichtenwald Auf dem Acker.

Nach Absprache zwischen Harzklub, Nationalparkverwaltung und den Skiclubs ist der alte Ackerkammpfad durch das wertvolle, trittempfindliche Ackerhochmoor als Wander- und Skiwanderroute mittlerweile geschlossen. Statt dessen erwartet nun ein bequemer Rundkurs in den Hängen des Ackermassivs. Dieser Rundkurs bietet an vielen Stellen, vor allem im Nordwesthang, hervorragende Aussichten. Einkehrmöglichkeit auf halber Strecke bietet die Nationalpark-Gaststätte »Hanskühnenburg« (donnerstags und an Feiertagen geschlossen).
Von der **Magdeburger Hütte** oberhalb des Parkplatzes, einer Schutzhütte mit reizvollem Tiefblick auf das Sösetal und den Stausee, leitet die Markierung x auf die vom Waldsterben hart mitgenommene Acker-Kuppe 835 m hinauf und schwingt dann in den Acker-Südostkamm ein – ein bequemer Waldweg.
Wenn sich der Fernwanderweg x schließlich Richtung Sieber verabschiedet, halten wir geradeaus im Hang und erreichen auf der *Ackerstraße*, einem

nichtasphaltierten Forstweg, die Wegekreuzung am **Teilungspfahl**. Von hier strebt der *Hubert-Lindner-Weg* steil hinauf zur **Nationalpark-Waldgaststätte Hanskühnenburg**.

Sie ist benannt nach jenem gleichnamigen Ensemble sagenumwobener Quarzitfelsen und Blockhalden in unmittelbarer Umgebung, an denen die neue Route vorbeiführt, ehe der Abstieg zum **Auerhahnplatz** beginnt. Nach kurzem Wiederanstieg leitet der bequeme *Reitstieg* im Hang zur Magdeburger Hütte zurück.

Abgerundet werden kann die Wanderung zuletzt durch die Abstecher zur **Hammersteinklippe** (0,4 km) und zum **Sösestein** (0,3 km): Belohnung ist ein wunderschöner Blick ins Sösetal.

30 Polstertal – Jägersbleeker Teich

Abwechslungsreiche Wald- und Teiche-Spazierwanderung

Talort: Der Luftkurort und Wintersportplatz Altenau (500–600 m, 3000 Ew.) liegt an der Mündung der Altenau in die Oker. Die von einem ausgedehnten Wanderwegenetz umgebene Fünf-Täler-Stadt ist die jüngste der Oberharzer Bergstädte; der Bergbau ist heute erloschen.

Ausgangspunkt: Parkplatz Polstertal (500 m) westlich von Altenau an der Kreisstraße von Altenau nach Clausthal-Zellerfeld.

Gehzeit: 2 Std. (7 km) Rundwanderung.

Anstieg: 100 Höhenmeter.

Einkehr: Hubhaus Polsterberg (1½ km).

Diese reizvolle Rundwanderung führt durch eine idyllisch-ruhige Wald- und Wasserlandschaft. Achten Sie in der Nähe der Teiche auf Froschkinder! Sie sind kaum daumennagelgroß, hüpfen aber ungeniert in wahrer Unzahl auf den Wegen vor den Stiefeln einher.

Zwischen Bach und Campingplatz-Zufahrt zieht der Weg im Fichtenwald aufwärts zum **Polstertaler Zechenhaus**; von 1729 bis Ende des 19. Jahrhunderts arbeiteten hier Menschen in Pochwerken, daher der Name des Campingplatzes. Zelte und Wohnwagen zwingen auf einen breiten Forstfahrweg. Dieser hält weiter sacht aufwärts, vorbei am **Polstertaler Teich**, folgt grob der Telegraphenlinie, und wenn das Bellen eines Wachhundes ertönt, ist die Gaststätte **Hubhaus Polsterberg** nicht mehr fern. Sie liegt auf einer Rodung oberhalb des **Dammgrabens**, einem der zahllosen Oberharzer Wassersammelgräben.

Nun leitet der rote Punkt westwärts zum **Jägersbleeker Teich** (590 m), einem von Wäldern eingefaßten, seeartig großen Wasser mit stellenweise feinem Liegestrand. Nach Überschreiten des Damms führt ein unmarkierter Weg rechts hinab zum **Fortuner Teich** (571 m). Bevor er erreicht wird, ist auf einem rostigen Eisensteg erneut ein **Dammgraben** zu überschreiten. Zwischen Graben und verlandendem Ufer zieht der Pfad in Sonnenlaufrichtung zur Nordwestbucht, wo er an einer Ruhebank wieder auf den roten Punkt trifft. Nach Überschreiten des Staudamms leiten roter Punkt, Wegeschilder und weiße Pfeile durch den Wald ins Polstertal zurück.

Der Fortuner Teich (Abbildung) war ebenso wie der Jägersbleeker und der Polstertaler Teich Bestandteil des ausgedehnten Oberharzer Wasserwirtschaftssystems. Das Wasser aus Gräben und Teichen wurde seit dem 16. Jahrhundert den Grubenrevieren als Energiequelle zum Antrieb von Mühlen zugeführt. Als technische Kulturdenkmäler stehen die Teiche und Gräben heute unter Schutz. Viele Teiche sind zugleich wertvolle Feuchtbiotope.

31 Steinkirche – Einhornhöhle – Ruine Scharzfels

Kultur in Natur

Talort: Der kleine Ort Scharzfeld liegt umgeben von Buchen- und Fichtenwaldungen im milden Klima des Südharzes an der Oder.
Ausgangspunkt: Parkplatz (220 m) an der Steinkirche in Scharzfeld.
Gehzeit: 3 Std. (8 km) hin und zurück auf demselben Weg.
Anstieg: 300 Höhenmeter.
Einkehr: Einhornhöhle (3,5 km), Scharzfels (4 km).
Variante: Unterwegs weisen immer wieder Schilder zum aussichtsreichen Großen Knollen (687 m), einem bekannten Ausflugsziel mit Aussichtsturm und Einkehrmöglichkeit – eine empfehlenswerte Bergwanderung.

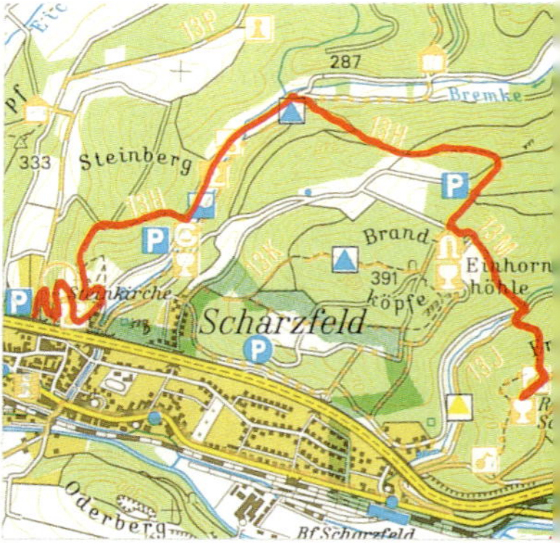

Meist bequem führt diese Wanderung durch abwechslungsreiche Waldlandschaft zu Natur- und Kulturdenkmälern, die Scharzfeld weit über die Grenzen Deutschlands hinaus bekannt gemacht haben.
Oberhalb des Parkplatzes öffnet sich im Dolomit des Steinbergs die knapp 30 m lange und bis zu 8 m breite **Steinkirche**, eine schon von eiszeitlichen Renjägern bewohnte Klufthöhle, die frühchristliche Mönche zur Kirche umgestaltet haben. Alles wird in Tageslicht getaucht, das durch eine natürliche Öffnung in der Decke fällt. Der lindenbestandene Vorplatz diente bis ins 16. Jahrhundert als Kirchhof.
Von der Höhle zieht ein Serpentinenpfad durch farbenprächtige Wiesen zu den eindrucksvollen, aussichtsreichen **Dolomitklippen** hoch über dem Bremketal hinauf.
Dort beginnt beim **Turnvater-Jahn-Denkmal** am Waldrand ein Weg, der, markiert mit dem blauen Punkt, ins **Bremketal** führt. Zwischen Campingplatz und **Waldschwimmbad** leitet ein blaues Dreieck weiter: Der Weg überschreitet die Bremke und folgt ihr im Wald aufwärts, bis kurz vor der Forststraße ein Pfad schräg rechts hinauf abzweigt und in schönem Wald hinüber zur **Einhornhöhle** führt (Eintritt).
Den Namen trägt sie, weil namhafte Forscher hier eine Fundstätte von Knochen des fabelhaften Einhorns vermuteten. Funde weisen auf die Anwesenheit von Steinzeitleuten hin.

Blick von den Dolomitklippen oberhalb der Steinkirche Richtung Knollen.

Von der Höhle leitet ein gelbes Dreieck ins **Goldborn**-Bachtal hinab, folgt einem breiten Forstweg kurz abwärts und erklimmt dann steil den Hügel (376 m), auf dem 1131 **Burg Scharzfels** errichtet wurde. Solange es keine Feuerwaffen gab, galt sie als uneinnehmbar. Während des Siebenjährigen Krieges wurde sie 1761 von den Franzosen erobert und gesprengt. Die geländergesichert ersteigbaren Reste veranschaulichen die Größe dieser auch als Ruine imposanten Festung, von der sich ein weiter Blick auf das Harzvorland bietet.

32 Wieda – Stöberhai, 720 m

Himbeer-Wanderung rund um den schönsten Südharz-Aussichtsgipfel

Talort: Der heilklimatische Kurort Wieda (350 m, 1900 Ew.) liegt am Südwestrand des Harzes im Bachtal der Wieda.
Ausgangspunkt: Parkmöglichkeit (400 m) am oberen Ortsende von Wieda beim Ortsausgangsschild gegenüber von BMW.

Gehzeit: 4 Std. (13 km) Rundwanderung; davon 3,2 km zum Stöberhai.
Anstieg: 400 Höhenmeter; bis zum Gipfel nur 300 Höhenmeter.
Einkehr: Gaststätte »Schwalbennest« (0 km). Die Gaststätte auf dem Stöberhai gibt es nicht mehr.

Die in unvorstellbaren Mengen wachsenden Himbeeren verleiten nach dem zauberhaften Blick vom stillen und schönsten Südharz-Aussichtsgipfel zu einem reizvollen Umweg.
Der mit dem Schild »Stöberhai« bezeichnete Weg führt im Mischwald stetig bergan. Weiter oben, wo der Hang steiler, der Wald schöner und die Buchen höher werden, löschen die ersten Himbeeren den Durst, und noch weiter oben bietet eine Bank prächtige Sicht in das tief eingeschnittene Frankental und auf das Harzvorland. Dann betritt der Weg das von alten, mächtigen Laubbäumen umkränzte, ruhige **Stöberhai**-Gipfelhaupt (ca. 720 m) mit Schutzhütte, Tischen und Bänken, einer Wiese und einem Gipfelpfosten, der die Berge im Blickfeld benennt, darunter alle höchsten Harz-Gipfel.

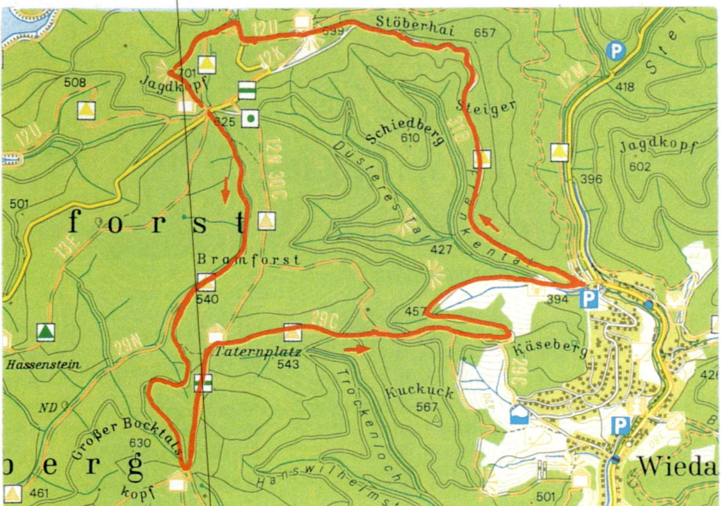

Auf dem Bergrücken geht es geradeaus weiter, vor einem Gatterzaun rechts zum Bundeswehr-Gelände, vor diesem links und wieder rechts, bis sich gleich links ein Tor im Gatter zeigt; wir öffnen das Tor und schließen es wieder. Dahinter führt ein verwachsener Pfad zum früher sehr aussichtsreichen **Jagdkopf** (701 m), auf dem noch Bänke stehen – Bäume verstellen uns heute die Sicht. Ein Schild weist nun zur **Schutzhütte am Jagdkopf** mit Blick auf die Odertalsperre. Von der Hütte leitet das rote Dreieck im Wald weiter Richtung Steinatal, bis auf 540 m der erste breite Weg unmarkiert links hinauf zur **Stephan-Hütte** führt. Hier leitet ein breiter Höhenweg wieder Richtung Stöberhai; einsam durchschreitet er mit verhältnismäßig guter Sicht das beste Himbeergebiet. An der **Hampe-Hütte** zweigt der Weg rechts hinab nach Wieda ab. Die Route folgt immer dem breiten Weg, bis an einer Wegespinne im Buchenhochwald ein Weg scharf links hinab abzweigt. Er führt in einer weiten Schleife am Hang durch ein anmutiges Wiesen-Bachtal, wo eine letzte, stille Aussichtsbank wartet.

Stöberhai-Blick Richtung Hochharz.

33 Walkenrieder Teiche – Sachsenstein

Durch die verträumte Walkenrieder Pflanzen- und Teiche-Oase

Talort: Im Schonklima des Harz-Südrandes rodeten ab 1127 Zisterzienser Walkenried, das sich zu einem der reichsten Klöster Mitteldeutschlands entwickelte, 1525 während des Bauernkriegs zerstört wurde und heute heilklimatischer Luftkurort ist (300 m, 2400 Ew.). Die Ruinen, darunter Meisterwerke frühgotischer Baukunst, sind der Besichtigung freigegeben.
Ausgangspunkt: Parkplatz (280 m) am Röseteich unweit vom Bahnhof Walkenried, hinter dem Ortsausgangsschild an der L 603 Richtung Neuhof.
Gehzeit: 3 Std. (8 km) Rundwanderung.
Anstieg: 150 Höhenmeter.

Dies ist eine der lieblichsten Harz-Wanderungen. Auf idyllischen Wegen und Pfaden erschließt sie die abwechslungsreiche Zechsteinlandschaft am Harz-Südrand. Der größte Teil des Gebietes, in dem fast 150 Pflanzenarten der Roten Liste wachsen, steht unter Naturschutz.
Nach Queren der Landstraße führt der Weg am **Höllteich** vorbei und überschreitet als **Klippenweg** den von teilweise urwaldartig unberührtem Laubwald bestockten **Höllstein** (312 m), immer wieder mit Blick auf die verträumten Teiche, die die Zisterzienser als Fischteiche anlegten. An der mächtigen **Sachsen-Eiche** taucht der Weg aus dem Wald und zieht neben einer von Wäldern eingefaßten Talwiese Richtung **Sachsenstein**; von der Schutzhütte führt ein Pfad westwärts zum wandartigen Abbruch hoch über den Uffe-Wiesen mit Blick auf den Südwest-Harz. Wem Löcher im Gips von Höll- und Sachsenstein auffallen: Der Volksmund nennt sie **Zwergenlöcher**, die Wissenschaft spricht von Gipsquellungshöhlen.
Von der Schutzhütte führt ein mit einem roten Punkt markierter Grasweg weiter, schwingt zur Talwiese zurück, quert die Bahnlinie und zieht bahnparallel links zu den Resten der kleinen **Sachsenburg**; sie wurde wahrscheinlich im 11. Jahrhundert gegen König Heinrich IV. (→Wanderung 18) errichtet.

Der Andreasteich. Am benachbarten Höllteich sitzen abends Angler.

Von der Sachsenburg geht es kurz zurück zur letzten Wegeverzweigung und hier hinab zum **Fischteich**, bis ein grünes Dreieck rechts hinauf zum Priorteich führt. Der Weg durchzieht das **Naturwaldreservat Priorteich** mit Perlgras-Buchenwald, Eichen und Bacheschenwald, bis der **Priorteich** erreicht ist; hier ermöglicht ein **Schwimmbad** Erfrischung. Wenig später verläßt der Weg am **Apenteich** den Wald; nun geht es auf dem **Sachsaer Weg**, einer wenig befahrenen Straße, in 5 Minuten zum Bahnhof und dann an der Landstraße zwischen Röse- und Andreasteich zum Ausgangspunkt zurück.

34 Hahnenklee – Bocksberg, 727 m

Ausflug zum Bocksberg-Aussichtsturm

Talort: Auf einer Hochfläche im Oberharz liegt der heilklimatische Kur- und Wintersportort Hahnenklee (550 m), der seit 1972 Teil der Stadt Goslar ist. Er entstand aus einer Bergmannssiedlung, die um 1550 am Westfuß des Bocksbergs gegründet wurde. Skilifte und Rodelbahn erschließen den Berg für den Wintersport.
Ausgangspunkt: Großparkplatz (560 m) an der Stabkirche in Hahnenklee.
Gehzeit: 1 Std. (4 km) Rundwanderung. Von Hahnenklee fährt auch eine Kabinenseilbahn auf den Bocksberg.
Anstieg: Knapp 200 Höhenmeter.
Einkehr: Bocksberg (1,5 km).

Detail der zur Zeit des ausklingenden Jugendstils errichteten »Stabkirche«

Wolkenblick von der Schutzhütte am Liebesbankweg Richtung Harzvorland.

Auf bequemen Waldwegen führt diese Kurzwanderung auf den aussichtsreichen Bocksberg, ein vielbesuchtes Familienausflugsziel.
Die **Gustav-Adolf-Kirche**, bei der die Wanderung beginnt, ist eine Holzkirche, die 1908 nach dem unerreichten Vorbild der westnorwegischen **Stabkirche** von Borgund mit zwölf Masten, sechsstufigem Dach und freistehendem Glockenturm errichtet wurde. Den Großparkplatz beim Stabkirchen-Nachbau verläßt der mit einem roten Punkt markierte Wanderweg Richtung Auerhahn. Von ihm zweigt wenig später ein mit einem grünen Punkt markierter Weg Richtung Bocksberg ab; im Fichtenwald zieht er aufwärts. Wo der grüne Punkt an einer Wegekreuzung plötzlich vermißt wird, geht es links schnurgerade weiter auf die **Bocksberg**-Gipfelkuppe (727 m) mit **Aussichtsturm**, US-Lauschanlage, Gaststätte sowie Seilbahn- und Lift-Bergstationen. Obwohl der Bocksberg nur eine verhältnismäßig geringe Höhe erreicht, schweift der Blick vom Turm über fast alle Gebiete in West- und Hochharz: Brocken, Wurmberg und Achtermann sind ebenso in Sicht wie jenseits der Clausthal-Zellerfelder Hochfläche der langgestreckte Acker-Bruchbergzug mit der Hanskühnenburg; und ganz nah, jenseits des Sattels im Ostsüdosten, erhebt sich die turmgekrönte Schalke; zur aussichtsreichen Schalke (→Wanderung 21) sind es vom Bocksberg nur 2,6 km auf einem ausgeschilderten Weg.
Vom Gipfel leitet der grüne Punkt auf dem asphaltierten Militär- und Gaststättenfahrweg abwärts, bis er an einer aussichtsreichen Stelle links auf den nichtasphaltierten **Liebesbankweg**, einen aussichtsreichen Hangweg, abzweigt. An der Abzweigung steht eine hübsche Schutzhütte mit feiner Sicht bis weit in das Harzvorland hinein; die »Liebesbänke«, die weiter unten am Weg stehen, gewähren Aussicht auf Hahnenklee.

35 Wiesenbeker Teich – Hohe Tür – Ravensberg, 659 m

Badesee-, Wald- und Gipfelwanderung

Talort: Am Ausgang des Odertals liegt das Kneipp-Heilbad Bad Lauterberg (300 m, 12 900 Ew.). Der Kurbetrieb in dem 1139 erstmals erwähnten Ort mit malerischer Altstadt wurde 1839 aufgenommen. Wassersportparadies im Freien ist der nordöstlich gelegene Oderstausee.
Ausgangspunkt: Parkplätze am Wiesenbeker Teich (317 m) südöstlich von Bad Lauterberg.
Gehzeit: 3 Std. (10 km) Auf- und Abstieg auf derselben Route. Der Ravensberg ist von Bad Sachsa auch auf einer Straße erreichbar. Am Gipfelparkplatz bietet eine Übersichtstafel mehrere Rundwege an.
Anstieg: 400 Höhenmeter.
Einkehr: Wiesenbeker Teich (0 km), Ravensberg (5 km).

Der Ravensberg-Vulkankegel wurde als Hausberg von Bad Sachsa zum Skigipfel umgestaltet. Die Wanderung erklimmt ihn auf der naturbelassenen Bad Lauterberger Seite in schönem Buchenwald.
Der **Wiesenbeker Teich** am Ausgangspunkt ist ein beliebtes Ausflugsziel mit Bootsverleih, Schwimmbad, Gaststätte und See-Rundweg. Die Wanderung folgt in schönem Laubwald dem Spazierweg am gaststättenseitigen Nordufer und wechselt dann kurz auf den Camping-Zufahrtsweg. An der Rezeption wird der Campingplatz gequert, und nach Überschreiten des Wiesenbek leiten Schilder auf einem nicht unsteilen, breiten Pfad zur **Hohen Tür** (439 m) hinauf. Schutzhütte, Bänke und Tisch laden hier auf der Wasserscheide zwischen Weser und Elbe zur Rast, ehe das rote Dreieck auf einem breiten Forstweg sacht ins **Steinatal** hinableitet. Nach Überschreiten der Steina (400 m) an einem Teich zieht ein Pfad bzw. grasiger Weg unter hohen Buchen durch die steil abfallende Flanke und zuletzt unter Fichten zum **Dreiherrenstein** (600 m), wo bis zur Annexion durch Preußen im Jahr 1866 die Grenzen der Königreiche Hannover und Preußen und des Herzogtums Braunschweig aneinanderstießen.
Am Dreiherrenstein ist der Gipfelbereich erreicht, Wanderer werden kurz auf die Straße gedrängt, bis der Waldweg abzweigt, der sich endgültig auf den

Gipfel schwingt. Auf der kleinen Kuppe breitet sich neben einem monumentalen Bundespost-Turm ein Hotel-Restaurant aus; Nichtrestaurantgäste finden Platz auf drei Sitzbänken beträchtlichen Alters. Die Berge im Hochharz und das Harzvorland sind je nach Standort in Sicht, abends erfreut ein prächtiger Sonnenuntergang jenseits des Großen Knollen. Nun ja, der Ravensberg ist ein Ski- und ein Autogipfel; dafür entschädigt der Weg: Wir schultern den Rucksack und wandern unter den Buchen zurück ins Tal.

Blick vom Ravensberg auf den Stöberhai-Turm und – links davon in der Ferne – auf den Brocken.

Unterharz mit Kyffhäuser

Im Windschutz des Oberharzes liegt der Unterharz, ein fruchtbares Kulturland, in dem sich viele der dramatischsten Naturschönheiten des gesamten Harzes finden: Bodetal, Teufelsmauer, Rübeländer Höhlen, Blauer See usw. Als Bergland ist der Unterharz nur bedingt anzusprechen: Auf leicht gewellten, von Acker- und Grünland und von Laubwäldern bedeckten Hochflächen runden sich bewaldete Hügel, lediglich nach Norden zu bricht die sanft geneigte Pultscholle steil ins Vorland ab.
Das klimatisch geschützte Hochland und die Niederungen am Fuß seines Steilrandes boten gute Ansätze zur Besiedlung. Um 900 begann die große Rodungsperiode, während der bis etwa 1300 Wernigerode, Harzgerode, Gernrode, Elbingerode und andere Städte entstanden. Bereits im 9. Jahrhundert bildete sich auch ein Kranz von Klöstern um das Hochland; 827 wurde Halberstadt, das nordöstliche Tor zum Harz, Bischofssitz. Als 919 Herzog Heinrich der Sachse als Heinrich I. zum deutschen König gewählt wurde,

Stolberg – Fachwerkkunst vom Feinsten.

entwickelten sich unter ihm und seinen Nachfolgern, den Ottonen, Unterharz und Kyffhäuser zum Herzstück des Reiches. Heinrich und seine Frau Mathilde, die 936 das Quedlinburger Kanonissenstift gründete, liegen in der Krypta der Stiftskirche begraben. Die Stiftskirche in Gernrode, mit deren Bau 961 begonnen wurde, zählt zu den bedeutendsten ottonischen Bauwerken. Neben Sakralbauten entstanden die Königs- bzw. Kaiserpfalzen Quedlinburg, Werla, Pöhlde, Nordhausen, Allstedt und Tilleda, die durch Burgen gegen Ungarn-Einfälle gesichert wurden. Friedrich I. Barbarossa ließ die Reichsburg Kyffhausen errichten, eine der größten deutschen Burganlagen.

Mit der mächtigen Stellung, die die Kaiser im Gebiet von Harz und Kyffhäuser innehatten, wuchs ihr Wunsch, sich hier eine geschlossene Krondomäne zu schaffen. Heinrich IV. versuchte, diesen Plan zu verwirklichen, stieß jedoch auf erbitterten Widerstand. Als Heinrich V. 1115 in der Schlacht am Welfesholz bei Mansfeld eine Niederlage gegen die sächsisch-thüringische Fürstenopposition erlitt, brach die kaiserliche Macht in Harz und Kyffhäuser zusammen. In der Folgezeit übernahmen die sogenannten Harzgrafen das Erbe der Krone: Stolberger, Wernigeröder, Blankenburger, Regensteiner und andere errichteten faktisch unabhängige Territorialherrschaften, gestützt auf feste Burgen, die fast alle erhalten sind, so Burg Falkenstein, in der Eike von Repgow den »Sachsenspiegel« verfaßte, das älteste deutsche Rechtsbuch. Der Fleiß der Bürger ließ Stadtbilder entstehen, deren Schönheit ihresgleichen so leicht nicht findet, z.B. im mittelalterlichen Stolberg.

36 Thale – Bodekessel – Treseburg

Durch das wildeste Schluchttal des Harzes

Talort: Wo die Bode den Harz-Nordrand durchbricht, liegt die Stadt Thale (200 m, 17 000 Ew.), entstanden als ›Dorp op dem Dale‹ bei einem 936 erstmals erwähnten Kloster. Mit der Errichtung der Eisenhüttenwerke 1771 begann Thales Entwicklung zur Industriestadt. Seit 1836 lockt das Hubertusbad mit seiner Solequelle zum Kuren.
Ausgangspunkt: Talstation der Hexentanzplatz-Schwebebahn (200 m).

Gehzeit: 3 Std. (11 km) einfache Strecke. Wer bis zum Bodekessel und zurück wandert, hat eine Rundwanderung von 2 Std. (6 km) vor sich. Von Treseburg führen Wege über Hexentanzplatz oder Roßtrappe zurück. Außerdem Busverbindung zwischen Treseburg und Thale.
Anstieg: 100 Höhenmeter.
Einkehr: An der Talstation der Schwebebahn (0 km), Hirschgrund (2 km), Treseburg (11 km).

Diese Wanderung erschließt bequem das dramatischste Harz-Tal. Mit Blick auf den **Wachlerfelsen** unterquert der Weg die zum Hexentanzplatz auffahrenden Gondeln der Schwebebahn und zieht in zauberhaftem Buchenhochwald bodeaufwärts durch das Tal, das anfangs licht und weit ist, sich

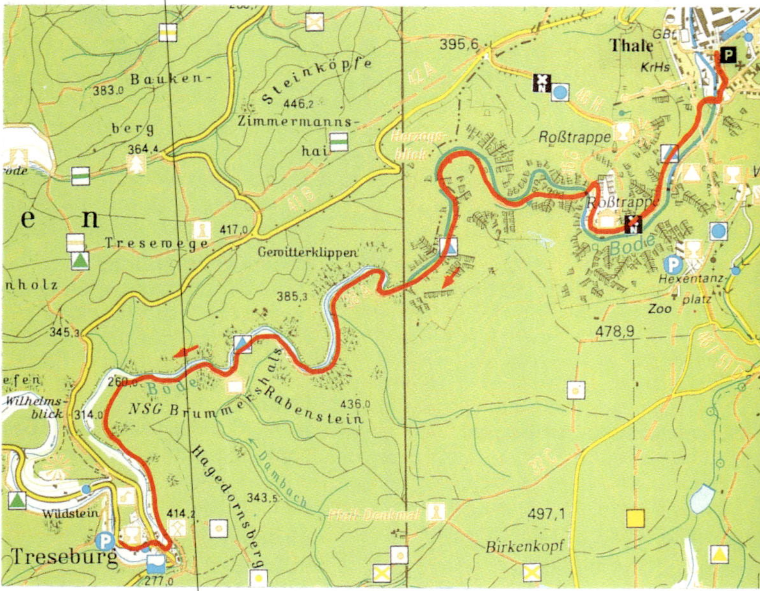

Sommerspaziergang in der Bodefurt in Treseburg. Das liebliche Bodetal verengt sich wenig unterhalb zu einer dramatischen Schlucht.

jedoch bald zu einer Klamm verengt, die der Fluß tief in den Granit geschnitten hat. Nach Passieren der **Waldkater**-Gebäude (DJH) erinnert ein **Goethefelsen** an die geologischen Studien des Dichters und Naturforschers und sein Sammeln faustischer Stimmungsbilder im Bodetal. Wenig später lädt am Fuß des Roßtrappenfelsens die Gaststätte **Hirschgrund** zur Rast. Hinter der **Jungfernbrücke**, die hier die Bode überspannt, erklimmt ein Serpentinensteig via Hirschgrund den Hexentanzplatz (→Wanderung 38), während ein Weg am rechten Bode-Ufer zum Ausgangspunkt zurückführt. Der Weg umrundet den Roßtrappenfelsen, wird auf brückenähnliche Stege hoch über dem Wasser an der Felswand gezwungen und erreicht hinter der **Teufelsbrücke** den **Bodekessel**: Neben dem Fluß türmen sich die teilweise wandartig steilen Flanken bis zu 200 m himmelwärts. Weiter geht es aufwärts, in einer Nordschleife umrauscht die Bode den **Langen Hals**, rechts ragen die **Gewitterklippen** aus dem Tal, links öffnen sich die **Taschengrund**-Täler, dann schneidet links das **Kästental** mit seinen uralten Eiben ein. Im Gebiet der **Rehtäler** beginnt sich das Tal schließlich zu weiten. Der Weg verläßt den Schluchttalabschnitt und tritt in die liebliche Weitung von Treseburg ein, wo die Luppbode mündet.

37 Thale – Roßtrappenfelsen, 403 m

Sagenumwobener Felssporn mit dramatischem Tiefblick ins Bodetal

Ausgangspunkt: Talstation der Hexentanzplatz-Schwebebahn (200 m) und des Roßtrappen-Sessellifts in Thale (Talort von Wanderung 36).
Gehzeit: 3 Std. (8 km) Rundwanderung. Der Roßtrappenfelsen ist von der Straße Thale–Treseburg aus auch in 5 Min. zu erreichen. Darüber hinaus schwebt vom Ausgangspunkt ein Sessellift auf die Roßtrappenhöhe.
Anstieg: 250 Höhenmeter.
Einkehr: Talstation der Hexentanzplatz-Schwebebahn (0 km), Hirschgrund (2 km), Roßtrappe (5 km).

Der Roßtrappenfelsen ist neben der Hexentanzplatz-Kante der dramatischste Aussichtspunkt im Harz.
Im idyllischen **Bodetal** sind die ersten 3 km identisch mit Wanderung 36. Zwischen Hirschgrund und Teufelsbrücke zweigt dann die **Schurre** ab: In Serpentinen quert der Steig verwitternde Granitblockfelder und stößt oben auf den vielbegangenen Verbindungsweg zwischen Parkplatz (links) und **Roßtrappenfelsen** (403 m). Der Weg führt mit zuletzt hervorragender Sicht über eine breite, geländergesicherte Rippe, die schließlich als schmaler Sporn auf drei Seiten meist lotrecht ins Tal stürzt. Wer sich ein wenig vorneigt, erblickt ein Kreuz und gut 200 Höhenmeter weiter unten das Dach der Hirschgrund-Gaststätte; auch der Hexentanzplatz jenseits des Tals ist in Sicht. Der Tiefblick bodeaufwärts ist am schönsten nachmittags, wenn die Sonne den Talgrund erfaßt.
Wie die **Roßtrappe** entstand, ist nicht geklärt. Solche Vertiefungen im Fels spielten im Volksglauben eine Rolle und wurden in keltischer und germanischer Zeit genutzt. Die Sage weiß von der Entstehung der Bodetal-Roßtrappe: Prinzeß Brunhilde übersprang auf der Flucht vor Ritter Bodo mit ihrem Roß das Bodetal, verlor dabei das Krönchen, setzte aber sicher auf dem Felssporn auf; so entstand die Trappe. Der Wüstling Bodo aber stürzte in den Fluß, wo ihn die guten Bodegeister in einen Hund verwandelten, der seither die Krone bewacht.
Vom Roßtrappenfelsen führt der Steig über eine kleine Anhöhe (437 m) zum Gaststätten-, Buden- und Parkplatzkomplex (418 m). Auf der Gaststätten-Terrasse eröffnet sich der von Theodor Fontanes schwermütiger Romanheldin Cécile gerühmte Weitblick auf Thale und bis zu den Türmen von Quedlinburg sowie auf den Heidelberg mit der Teufelsmauer (→Wande-

Unterhalb des Roßtrappenfelsens braust die Bode durchs Tal.

rung 39). Von der Terrasse leiten Stufen ohne Hinweisschild hinab zum **Präsidentenweg**, der in Serpentinen durch Buchenwald steil talwärts tanzt, vorbei an der Aussichtskanzel **Bülowshöhe** (400 m).

38 Thale – Hexentanzplatz

Überwältigende Aussicht hoch über dem Bodetal

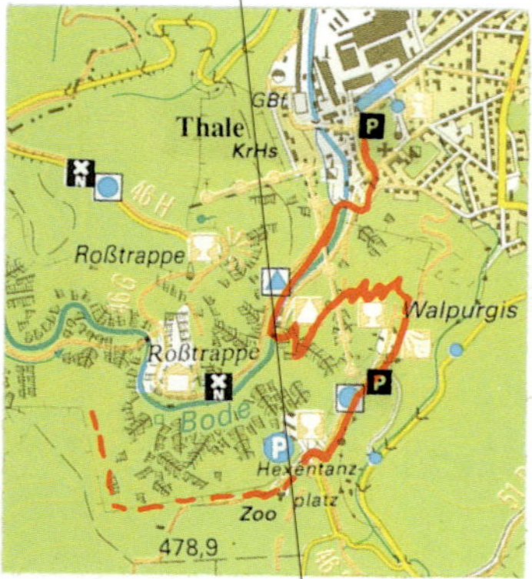

Talort: Thale (→Wanderung 36).
Ausgangspunkt: Talstation der Hexentanzplatz-Schwebebahn (200 m).
Gehzeit: 3–4 Std. (ca. 10 km) Wanderung hin und zurück mit nur anfangs festgelegter Routenführung. Der Hexentanzplatz ist von Thale auch auf einer Straße und mit der Schwebebahn zu erreichen.
Anstieg: Gut 250 Höhenmeter.
Einkehr: Talstation der Hexentanzplatz-Schwebebahn (0 km), Erlebnisbereich Hexentanzplatz (3–4 km).
Variante: Die Wanderung kann bis Treseburg verlängert werden (11 km). Von dort fährt der Bus bzw. leitet →Wanderung 36 zurück nach Thale.

Der Hexentanzplatz zählt zu den touristischen Hauptattraktionen im Unterharz und bietet neben dem Roßtrappenfelsen den überwältigendsten Tiefblick im gesamten Harz. Rasch und steil führt ein aussichtsreicher Serpentinensteig hinauf. Wer zum ersten Mal hierherkommt, sollte vielleicht nicht die Wanderung nach Treseburg unternehmen, sondern die Wanderungen zum Hexentanzplatz und zum Roßtrappenfelsen verbinden, viel Zeit einplanen und Stiefel mit griffigen Sohlen tragen.
Bis zum Waldkater ist der erste Kilometer im zauberhaften Bodetal identisch mit Wanderung 36. Rechts hinter den **Waldkater**-Gebäuden lugen die Granitpfeiler des **Bodetors** aus dem Buchenblätterdach; sie sind von der **Waldkaterbrücke** aus über den serpentinenreichen **Brunhildenweg** in 10 Min. zu erreichen und bieten einen herrlichen Blick auf das Tal und seine Felsabstürze. Nach diesem Abstecher zieht der Brunhildenweg weiter thalewärts, bis der **Hexenstieg** abzweigt. Er führt hinauf zum **Erlebnisbereich Hexentanzplatz**: Restaurants und Imbißbuden warten, ambulante Händler bieten Waren feil, das **Harzer Bergtheater**, eine 1903 gegründete Freilichtbühne, erfreut zwei- bis dreimal täglich mit Wild-West-Spektakeln, Musicals und Opern, während in der **Walpurgishalle** Gemälde zur Sagenwelt von Goethes »Faust« bewundert werden wollen. All dies und vieles andere verteilt sich dicht gedrängt auf einem recht großen Areal, das »Erlebnisbereich« heißt. Wir streifen, so gut es eben geht, an der Kante entlang, nicht thale-, sondern treseburgwärts. An den Abbruch, knapp 250 lotrechte Höhenmeter über dem Tal, kommen seltsamerweise nur wenige der

Von der Kante des Hexentanzplatzes zeigt sich das Bodetal mit der Hirschgrund-gaststätte und dem Roßtrappenfelsen; in der Ferne rundet sich der Brocken.

vielen Besucher. Wegweiser finden sich – außer zu Geld kostenden Attraktionen – nicht, die schönsten Stellen müssen instinktiv gefunden werden, z.B. die **Teufelskanzel** etwas versteckt neben einer Gaststätte. Lotrecht geht es allerdings nicht nur hier hinab, und wie von den anderen Aussichtspunkten stürzt der Blick in das tief eingeschnittene Schluchttal und trifft auf das Dach der Hirschgrund-Gaststätte, hinter der der Roßtrappenfelsen steilt, während sich in weiter Ferne Wurmberg und Brocken runden. In den **Tierpark** am treseburg-seitigen Rand des »Erlebnisbereichs« können Luchs, Wolf, Braunbär und anderes Wild, das früher frei den Harz durchstreifte, betrachtet werden.

Die Route ab Tierpark führt über die aussichtsreiche **La-Vieres-Höhe** (479 m) und weiter hoch über dem Bodetal zur **Prinzenhöhe** (418 m) und weiteren Aussichtspunkten, bis von der Felsbastion **Weißer Hirsch** (414 m) der Abstieg nach Treseburg erfolgt; oder es folgt der Direktabstieg durch den **Hirschgrund** zur gleichnamigen Bodetal-Gaststätte und von dort via Schurre der Aufstieg zum Roßtrappenfelsen (→Wanderung 37).

39 Timmenrode – Teufelsmauer

Faszinierende Felswanderung im »Elbsandstein« des Unterharzes

Talort: Am Harz-Nordrand liegt zwischen Teufelsmauer und unterem Bodetal der Ferien- und Obstplantagenort Timmenrode (200 m, 1300 Ew.). Erfrischung nach der Wanderung bietet ein See in einem Erholungsgebiet am Ortsausgang am Sträßchen Richtung Wienrode.
Ausgangspunkt: Parkmöglichkeit (200 m) am Haus der Freiwilligen Feuerwehr in der Lindestraße, die in Timmenrode von der Straße Thale–Blankenburg abzweigt. Es besteht auch eine von der Straße Thale–Blankenburg abzweigende Straße zum Hamburger Wappen.
Gehzeit: 4 Std. (10 km) Rundwanderung.
Anstieg: 250 Höhenmeter.

Die **Teufelsmauer** auf dem **Heidelberg** zählt zu den berühmtesten und beeindruckendsten Naturdenkmälern. Leider hat das viele dazu veranlaßt, ihre Namen als Ritzgraffitis im Sandstein zu hinterlassen – kein Schmuck für diese prachtvollen Felsen. Ansonsten eine feine Kurztour; sie sollte mit guten Stiefeln durchgeführt werden (→ Fotos Seiten 2 und 16).
Am Feuerwehrhaus hält ein Traktorweg in offener Feldflur aufwärts, bis kurz nach der ersten Rechtskurve ein Weg bzw. Pfad links abzweigt und zwischen Feldern und Schrebergärten zum **Hamburger Wappen** hinaufzieht, wo der blaue Punkt als Markierung begegnet. Nun folgt die Route dem Kammpfad: Eine Bizarrformation jagt die andere, in surrealsten Formen steilen die von Eisenadern durchzogenen Rippen, Burgen und Klippen auf dem kiefernbestockten, tief zerklüfteten Kamm, den hin und wieder auch Buchen erklettern. Wenn sich der Pfad in einen geländergesicherten Felssteig verwandelt, ist

Durch einen Sandsteintunnel (links) erfolgt der Zugang zu einem natürlichen Aussichtsbalkon vor der Felsformation »Hamburger Wappen« auf der Teufelsmauer.

die schroffste und aussichtsreichste Partie erreicht: Auf natürlichen Thronen läßt sich sonnig rasten und die Sicht auf Hochharz, Blankenburg und das Vorland mit dem Regenstein genießen. Der letzte Felsen, kurz vor Blankenburg, ist der steilste; Eisenhaken und Stufen im weichen Gestein leiten jedoch kurz und sicher auf das geländergesicherte Haupt des **Großvaters** (319 m): Ganz nah lugt das Blankenburger Schloß aus dem Blätterdach. Der Name ›Großer Vater‹ (Odin) deutet auf eine Kultstätte in germanischer Zeit hin. In christlicher Zeit wechselte die Mythologie: Nachts, so heißt es, baute der Teufel eine Mauer, tagsüber wurde sie von Gott wieder zerstört, endlich ließ der Teufel das Bauen sein, und die Trümmer der Mauer sind bis heute erhalten. Die durchwanderte Partie zwischen Timmenrode und Blankenburg bildet den westlichen, mit dem Großvater höchsten Teil der Mauer. Der Mittelteil mit den **Adlerklippen** (184 m) erhebt sich nordöstlich von Thale. Die östlichen Trümmer sind die **Gegensteine** (243 m) nördlich von Ballenstedt.

Vom Großvater Richtung Blankenburg absteigend, wechselt die Route auf den ersten Weg rechts und führt dann in wunderbarem Eichen- und Buchenhochwald oben auf dem Nordhang bequem zurück, vorbei an der **Gewittergrotte**. Wenn der Weg sich etwa auf 200 m über NN gesenkt hat, weist das Schild Timmenrode/Hamburger Wappen zum Ausgangspunkt.

40 Regenstein

Felsenburg mit faszinierender Aussicht hoch über dem Harzvorland

Talort: In der Nachbarschaft von Teufelsmauer und Regenstein liegt am Harz-Nordrand die Stadt Blankenburg (250 m, 19 000 Ew.), benannt nach der 1123 erstmals erwähnten Burg »auf dem blanken Stein«. Als die Herzöge von Braunschweig-Wolfenbüttel 1690 Blankenburg zur Residenz wählten, entstanden repräsentative Barockbauten (Neubau des Schlosses, Bau des Kleinen Lustschlosses); Anfang des 18. Jahrhunderts setzte ein Aufschwung im Bergbau- und Hüttenwesen ein, der bis in die 1960er Jahre andauerte; seit 1846 lockt ein Mineralbrunnen Kurgäste.
Ausgangspunkt: Parkplatz (250 m) am Regenstein nördlich von Blankenburg; Abzweigung von der B 6/81 Blankenburg–Wernigerode/Halberstadt.
Gehzeit: 1–4 Std. (2–10 km) Rundwanderung mit offener Routenführung.
Anstieg: 50–200 Höhenmeter, je nach Lust.
Einkehr: Ruine Regenstein (1/10 km).

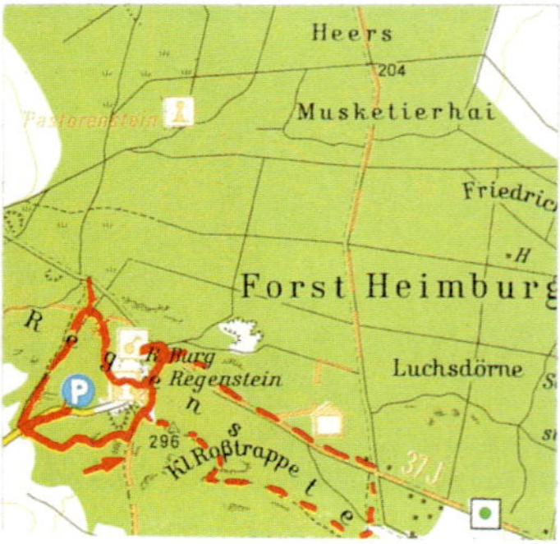

Wie eine grüne Insel taucht der waldgeschmückte Sandsteinrücken des Regensteins aus den goldenen Kornfeldern des Harzvorlandes. Wer ihn erkundet, entdeckt ein Paradies, das seit Jahrtausenden die Menschen in seinen Bann schlägt. Wie die Archäologie herausgefunden hat, war der Regenstein in megalithischer, in keltischer und in germanischer Zeit in ununterbrochener Folge ein Kultzentrum, ehe in der Feudalzeit die sakrale Nutzung endete und jene Feudalburg errichtet wurde, deren Ruinen heute für die meisten Besucher die Hauptattraktion dieses Bergs bilden.
Diese Feudalburg ist eines der für Deutschland seltenen Beispiele einer **Felsenburg**, ähnliche Anlagen gibt es nur noch im Elbsandsteingebirge sowie im Buntsandstein des Pfälzerwalds (und der nördlichen Vogesen in Frankreich): Diese Burgen sind eine Verbindung aus Felsriff und Mauerwerk; lotrecht abstürzende Felswände wurden als natürliches Festungswerk genutzt, zugleich wurden in der Art von Höhlenwohnungen Räumlichkeiten aus dem Fels herausgeschlägelt, weitere Räumlichkeiten wurden auf den Felsen aufgemauert. Beim Regenstein stürzt die »natürliche« Festungswand nach Norden zu etwa 100 Meter ab – eine beachtliche Höhe, die von vielen als schwindelerregend empfunden wird. Zum natürlichen Burgcharakter der Anlage tritt ein faszinierendes Panorama bis hin zum Brocken. Vom 12. bis ins 15. Jh. war die Burg Sitz der Grafen zu Regenstein, zerstört wurde sie 1758.

Wo die Stichstraße für den öffentlichen Verkehr endet, zweigt der *Fußweg Regenstein* rechts ab und strebt unter Eichen sacht bergan. Dieser Weg ist schön, aber viel zu kurz. Insgesamt ist es am Regenstein anzuraten, die Wanderung intuitiv zu unternehmen, sich wandernd inspirieren zu lassen und viel, viel Zeit mitzubringen; wer früh am Morgen auf dem Regenstein ist, erlebt einen prächtigen Sonnenaufgang. Es gibt auf dem Regenstein und in seiner unmittelbaren Umgebung eine derartige Fülle von naturschönen Pfaden, die vom Tourismus noch kaum berührt (und auch nicht ausgeschildert) sind und die zu zauberhaften Rastplätzen führen. Interessant sind die **Thingstätte**, eine Höhlenanlage im **Sande** nördlich des Regensteins (zuerst Richtung Mühle gehen) sowie die **Kleine Roßtrappe** und andere Felsen mit schalen- bzw. näpfchenartigen Vertiefungen.

Die Gemächer der Felsenburg Regenstein wurden aus dem Sandstein herausgeschlägelt. Die exponierte Lage – die Gipfelfläche bricht nach Norden lotrecht etwa 100 Höhenmeter ab – machte die Festung bis zum Aufkommen der Feuerwaffen so gut wie uneinnehmbar. Lediglich im Süden, wo das Gelände sanft abdacht, mußte Verteidigungswerk gemauert werden.

41 Rübeländer Höhlen – Blauer See

Von der Königin aller Höhlen zum blauesten aller Seen

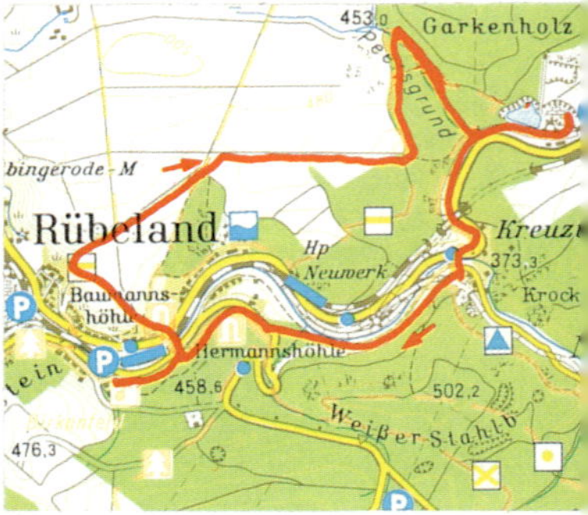

Talort: Der Fremdenverkehrsort Rübeland (380 m, 3000 Ew.) liegt im Bodetal nördlich der Rappbodetalsperre am Südrand des Elbingeröder Kalkkomplexes; Zentrum der Kalkindustrie im Gebiet.
Ausgangspunkt: Baumannshöhle (390 m) an der B 27 in Rübeland.
Gehzeit: 2 Std. (8 km) Rundwanderung.
Anstieg: 100 Höhenmeter.
Einkehr: Rübeland (0 km), Krockstein (5 km).

Diese bequeme Wanderung führt meist aussichtsreich durch anmutige Wiesenlandschaft, während sich das Gebirge nur in weiter Ferne zeigt.
Ausgangspunkt ist die **Baumannshöhle**, die 1536 entdeckte größte deutsche Tropfstein-Schauhöhle. Die Skulptur auf dem Eingangsgebäude – der Bär ist Wahrzeichen von Rübeland – versinnbildlicht, daß in den Rübeländer Höhlen die ältesten Spuren von Menschen im Harz entdeckt wurden: Jäger erlegten hier vor 50 000 Jahren Höhlenbären.
Links vom Eingangsgebäude hält ein Weg bergwärts; nach einigen Spitzkehren quert er den bewaldeten Hang in Westrichtung und mündet an den letzten Häusern mit Blick auf ein Kalkwerk auf einen breiteren Weg; diesem folgt die Route aufwärts und dann durch Wiesen rechts. Der Wiesenweg zieht nach Überschreiten eines sanften Sattels in eine Senke zum Waldsaum hinab. Hier hält der erste Weg im Wald links hinauf, wo ein gelber Strich die Markierung übernimmt. Er leitet in das Waldtal **Peersgrund** und führt bachabwärts zur B 27. Vor der Straße geht es links zum **Blauen See** (440 m) in einer trichterförmigen Senke zwischen Kalkwänden. Unterirdische Karstquellen speisen den bis zu 14 m tiefen See, in dem keine höheren Pflanzen und Tiere leben. Da das Wasser vom Kalk übersättigt ist, wird alles, was in den See gelangt (Blätter, Steine), vom Kalk umhüllt und sinkt auf den Grund. Das daher sehr klare Wasser absorbiert die roten bis grünen Spektralbereiche, so daß eine azurblaue Färbung entsteht; sie ist besonders kräftig im Frühjahr, wenn reichlich kalte Karstwässer zufließen.
Vom See geht es neben der B 27 nach **Kreuztal** (Gaststätte) hinab, bis hinter den Häusern eine Brücke die Bode überquert und gleich darauf ein Weg sacht rechts hinauf führt. Er folgt der Bode aufwärts zur **Hermannshöhle**. Hauptattraktionen dieser Tropfsteinhöhle sind die Kristallkammer mit schneeweißen Kristallen im Kalkwasser und der Olmensee mit Grottenolmen.

Im Frühjahr trägt er den Namen »Blauer See« zu Recht. Ab etwa Pfingsten sorgen Steinewerfende und Badende dann dafür, daß das Frühjahrs-Azur in Schmuddelgrün umschlägt.

42 Steinerne Renne

Durch das Kaskaden- und Wasserfalltal der Holtemme

Talort: Wo am nördlichen Harzrand der Zillierbach in die Holtemme mündet, liegt Wernigerode (250 m, 35 400 Ew.), die vom Schloß der Grafen zu Stolberg-Wernigerode überragte »bunte Stadt am Harz«. Sie entstand während der großen Rodungsperiode der Jahre 900 bis 1200, erhielt 1229 Stadtrechte und entwickelte sich an der Kreuzung von Handelsstraßen zur wohlhabenden Kaufmannsstadt. Zahlreiche Bauwerke, darunter die Fachwerkhäuser, zeugen von der wirtschaftlichen und kulturellen Blüte. 1945 wurde das Schloß in Volkseigentum übergeführt und in ein Feudalmuseum umgewandelt. Hinter dem Rathaus findet sich das Harzmuseum.
Ausgangspunkt: Bahnhof Steinerne Renne (311 m) an der Harzquerbahn westsüdwestlich von Wernigerode.
Gehzeit: 2 Std. (7 km) Rundwanderung.
Anstieg: 250 Höhenmeter.
Einkehr: Hotel-Restaurant Steinerne Renne (2,5 km).
Variante: Vom Hotel kann die Wanderung zum Brocken (→Wanderung 7) oder zur Leistenklippe via Ottofels (→Wanderung 10) fortgesetzt werden. Vom Wasserfall ist es nur gut 1 km zum aussichtsreichen Ottofels.

Auf meist bequemen Wegen erschließt diese Rundwanderung das romantische Waldtal der Holtemme, bietet oberhalb des Wasserfalls gute Sicht auf Wernigerode und kehrt dann in schattigem Wald zurück.

Auf der Bahnhofsseite des Flusses folgt der Weg dem tief eingeschnittenen Mischwaldtal der **Holtemme**, die vor allem nach Regengüssen in gewaltigen Kaskaden über die Granitblöcke braust. Die ganze Macht dieses Bergbachs ist zu Beginn der Wanderung noch nicht zu spüren, da ihm seit 1895 durch einen **verdeckten Kanal** Wasser abgezapft wird. Der Weg überschreitet den Kanal kurz vor der ersten **Kaskade** und verengt sich nun zu einem felsigen, geländergesicherten Steig, der oberhalb der Kaskaden (→Foto Seite 44) zum Hotel-Restaurant **Steinerne Renne** (520 m) hinaufführt. Unterhalb des Hotels bildet die Holtemme einen **Wasserfall**, der aber erst am fortgeschrittenen Vormittag Licht empfängt. Auch die Gaststätte öffnet erst um 10 Uhr.

Vom Hotel führt der Weg hinauf zum Fuß der **Rennenklippe** (585 m), umrundet diesen schon um 7 Uhr sonnenbeschienenen, nicht hohen, aber steil in Granitflanken mit mächtigem Blockwerk abbrechenden Felskopf und zieht hoch über dem Tal zurück Richtung Wernigerode. Am Fuß der Rennenklippe öffnet sich eine wunderbare Aussicht über das Tal, an dessen Ausmündung sich die Stadt ausbreitet, rechts überragt vom Schloß.

Vor Laubausbruch zeigt sich zwischen den noch kahlen Bäumen über der weiß dahingischtenden Steinernen Renne das gleichnamige Hotel-Restaurant.

43 Ilsenburg – Ilsestein – Plessenburg – Sonnenklippe

Höhenwanderung mit reizvollen Aussichtspunkten

Talort: Ilsenburg (→Wanderung 2).
Ausgangspunkt: Blochhauer-Brücke (250 m) im Ilsenburger Schloßpark.
Gehzeit: 5 Std. (17 km) Rundwanderung, an mehreren Stellen via Ilsetal abkürzbar.
Anstieg: 600 Höhenmeter.
Einkehr: Ilsestein (2 km), Plessenburg (4 km).

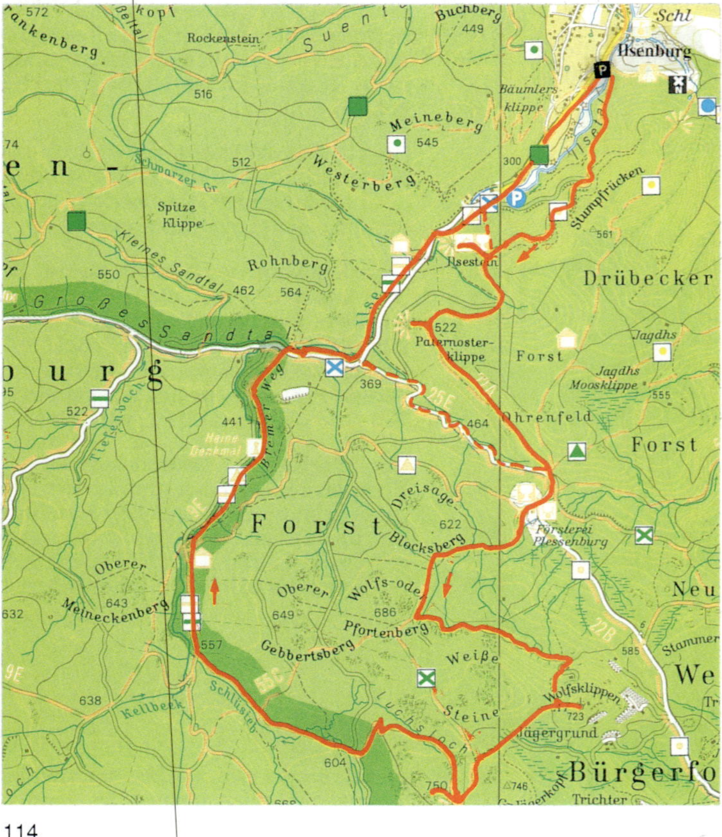

Die Paternosterklippen bieten – wie der Ilsestein – gute Sicht auf den Brocken.

Diese Wald- und Höhenwanderung folgt gut ausgebauten Wegen und berührt bekannte Aussichtsstellen.

Der mit dem roten Punkt markierte Weg erklimmt den aussichtsreichen **Ilsestein** (474 m), einen kreuzbekrönten Granitfelsen, der 150 m bis zu lotrecht aus dem Ilsetal ragt. Von der Gaststätte senkt sich der Weg zur **Ilsesteinquelle** und steigt dann zur **Paternosterklippe** (522 m). Nun geht es rasch zur **Plessenburg** hinüber, einem 1776 errichteten Jagdhaus, heute Gaststätte und Försterei.

In einsamer Wald- und Berglandschaft leitet grün x weiter. Namen wie **Dreisage-** oder **Blocksberg** lassen ahnen, wie verwunschen es hier gewesen sein mag, als es die waldschädenbedingten Kahlschläge noch nicht gab. Hinter dem Aussichtspunkt **Weiße Steine** zieht der **Alexanderstieg** pfadartig übers Moor (die Aussicht auf den abseits liegenden **Wolfsklippen**, auf denen ein verfallener Turm steht, ist zugewachsen) und erreicht bei einer Wegverzweigung einen entwaldungsbedingt aussichtsreichen Rücken: Der Blick fällt hinüber zu den Zeterklippen auf dem Renneckenberg und zum Brocken. An der Verzweigung schlagen wir den oberen Weg ein (aufwärts), bis ein Schild auf den Waldpfad zur **Sonnenklippe** weist: ein lauschiger Platz, der allerdings weniger Aussicht bietet. Von der Sonnenklippe geht es zurück zum Weg, und dieser zieht nun als feiner Grasweg durchs **Luchsloch** zum **Schlüsiebach** hinab; der Bachname erinnert daran, daß hier früher eine Schleuse arbeitete. Längs des Bachs geht es ins Ilsetal; dort ist der Rückweg identisch mit Wanderung 5, vorbei an den zauberhaften **Ilsefällen**.

44 Elend – Schnarcherklippen – Barenberg, 696 m – Elendstal

Über die Schnarcherklippen zum aussichtsreichen Barenberg

Talort: An der Kalten Bode liegt der Ferienort Elend (505 m, 500 Ew.) mit der kleinsten Holzkirche des Harzes. Der Name ist eine Verballhornung der mittelhochdeutschen Wörter ›ali lanti‹ = ›fremdes Land‹; so bezeichneten Kleriker dieses Gebiet, das sich dem Einfluß der Klöster entzog.
Ausgangspunkt: Parkmöglichkeit an der Brücke über die Kalte Bode in Elend (500 m) an der B 27 auf der Seite Richtung Braunlage.
Gehzeit: 2 Std. (6 km) Rundwanderung.
Anstieg: 100 Höhenmeter.
Einkehr: Elend (0 km), eventuell Schierke (3 km).

Diese bequeme Wanderung führt zu den berühmten Schnarcherklippen und zum aussichtsreichen Barenberg und kehrt von Schierke durch das Elendstal, dessen Fluß- und Laubwaldromantik stellenweise noch erhalten ist, zurück. Die Gegend ist Schauplatz der orgiastischen Walpurgisnacht in Goethes »Faust II« und von Wilhelm Raabes trauriger Erzählung »Else von der Tanne«.

Der breite Weg (Alte Braunlager Straße) zieht neben den letzten Häusern von Elend zur Harzquerbahntrasse hinauf. Nach Überschreiten der Gleise kurvt er bald links hinauf, wobei sich die Beschilderung nur scheinbar widerspricht, denn alle Alternativen münden zuletzt wieder auf den breiten Weg, bis rechts die wollsackverwitterten **Schnarcherklippen** (671 m) aus der Fichtenforst-Monotonie tauchen. Bei starkem Südwest sollen sie »schnarchen«; das Abweichen der Magnetnadel wird auf Einlagerungen von Magneteisenstein zurückgeführt. Reizvoller als die Schnarcher, an denen sich auch Sitzbänke und eine Schutzhütte finden, ist der **Barenberg** (696 m), zu dem Schilder weisen und dessen Aussichtsklippen auf einem Pfad in wenigen Minuten erreicht sind. Von diesem schönen Aussichtsthron, an dem es keine Bänke gibt, schweift der Blick auf Schierke und den sich dahinter rundenden Brocken; links zeigt sich jenseits der Schnarcher der Wurmberg; gegenüber spitzt der Schierker Feuerstein aus dem Wald, überragt vom runden Erdbeerkopf, während sich rechts dahinter der Hohneklippen-Kamm zieht.

Felsschlaggefahr macht die Annäherung an die große Schnarcherklippe (Abbildung) lebensgefährlich. Auf die kleinere hingegen führen alte Eisenleitern.

Nach dem Barenberg-Abstecher führt der Weg von der Schnarcher-Schutzhütte in schönem Fichtenhochwald, in dem sich die **Mauseklippen** (670 m) verstecken, nach **Schierke** hinab. Wer nicht in Schierke einkehrt, bleibt am Waldrand auf dem Hangweg und folgt den Schildern nach Elend zurück, bald im **Elendstal** in schönem Buchenwald, begleitet vom Rauschen der **Kalten Bode**. Auch wer in Schierke einkehrt, sollte diesen Weg nehmen und nicht die bislang für den öffentlichen Verkehr gesperrte Straße, die ebenfalls durch das Bodetal führt.

45 Gräfingründer Teich

Erweiterbarer Badespaziergang an heißen Tagen

Talort: Im südlichen Unterharz liegt im sonnigen, windgeschützten Tal der Thyra an der Mündung von Lyra und Wilde die Thomas-Müntzer-Stadt Stolberg (300 m, 2200 Ew.). Das mittelalterlich anmutende Stadtbild mit seiner faszinierenden Fachwerkarchitektur wird dominiert vom Renaissance-Schloß der Stolberger Grafen. Berühmt-berüchtigtster Sohn von Stolberg ist der Revolutionär und Reformationstheologe Thomas Müntzer, der 1525 bei Bad Frankenhausen am Kyffhäuser seine letze Schlacht schlug, kurz nachdem Luther in der Stolberger St.-Martini-Kirche gegen Müntzers Bauernheere gepredigt hatte. Eine der schönsten Aussichten auf Stolberg bietet die Lutherbuche am Oberen Bandweg im Westen der Stadt. Die »Bandwege« verlaufen zu beiden Seiten des Tals in unterschiedlichen Höhen und bieten prächtige Aussicht auf die Stadt.

Ausgangspunkt: Nicht ausgeschilderter Parkplatz an der Harzschützenstraße (500 m) nordöstlich von Stolberg zwischen Auerberg-Gaststätte und Breitenstein (also die obere Straße).

Gehzeit: 2 Std. (3 km) hin und zurück auf demselben Weg.

Anstieg: Unter 100 Höhenmeter.

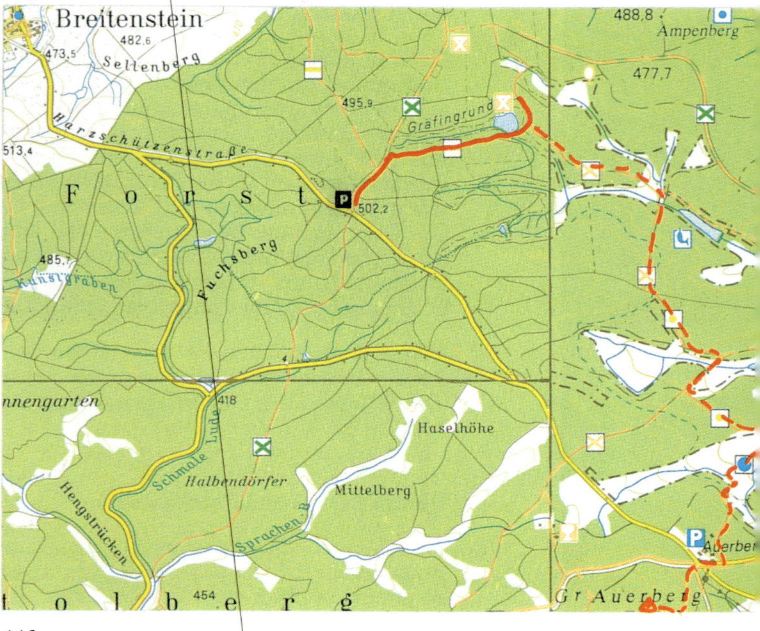

Nordische Symphonie – Abend am Gräfingründer Teich.

Dies ist ein reiner Badespaziergang, der jedoch erweitert werden kann.
Vom Parkplatz führt ein breiter Forstweg sacht abwärts, bis der gelbe Strich rechts hinab zum **Gräfingründer Teich** (480 m) leitet. Es ist ein idyllischer, von Fichtenwäldern umrahmter, kleiner See mit Schilfufern, der zu DDR-Zeiten offizieller und vielbesuchter FKK-Badesee mit Rauchverbot war und an der Liegewiese Toilettenhäuschen aufweist. Der gelbe Strich umrundet ihn entgegen der Sonnenlaufrichtung, überschreitet den Ausfluß auf brüchigem Holzsteig und endet an der Liegewiese neben zwei eingezäunten, bruchreifen Hütten, von denen eine 1992 bewohnt war.
Wer sich mit diesem Badespaziergang nicht zufriedengeben will, folgt ab dem Teich dem roten Punkt und gelangt durch die Teichelandschaft zur Gaststätte Auerberg, von der aus es nur 20 Minuten (1,5 km) zum Josephskreuz, dem größten Kreuz der Welt, auf dem Großen Auerberg sind (→Wanderung 46). Vom Harzschützenstraßen-Parkplatz bis zum Josephskreuz sind es 6 km, der Höhenunterschied ist kaum bemerkbar.

46 Stolberg – Großer Auerberg, 580 m

Zum größten Gipfelkreuz der Welt

Talort: Stolberg (Talort von Wanderung 45).
Ausgangspunkt: Parkmöglichkeit (320 m) an der Straße Richtung Breitenstein hinter dem Ortsausgangsschild von Stolberg.
Gehzeit: 3 Std. (10 km) Rundwanderung.
Anstieg: 300 Höhenmeter.

Einkehr: Josephskreuz (5 km).
Variante: Von der Gaststätte Auerberg an der Straße Schwenda-Breitenstein ist der Große Auerberg in 10 Minuten zu erreichen. Eine weitere Variante beginnt in Stolberg an der Straße Richtung Breitenstein und führt durch das (Zechen-)Tal der Kleinen Wilde.

Diese Wanderung benutzt bequeme Wege in schönem Laubwald, um den »Brocken des Unterharzes«, ein beliebtes Ausflugsziel, zu ersteigen.
Der Weg überquert auf einer Brücke den Bach im **Kalten Tal** und schwingt sich dahinter im Laubwald aufwärts, bis von der **Dornröschenbank** der opernlogenartig von zwei uralten Eichen eingerahmte Blick auf das Stolberger Schloß und die Dächer der Thomas-Müntzer-Stadt fällt. An der Verzweigung oberhalb der Bank (350 m) geht es auf dem **Breiten Weg** weiter Richtung Alte Auerberger Straße, bald unter hohen Buchen, bis sich der Weg zur **Alten Auerberger Straße** senkt. Dieser nichtsphaltierte Forstweg hält nun stetig bergan, an Sitzbänken Sicht auf das Wiesental der Kleinen Wilde gewährend, bis an einer Schutzhütte die Wegespinne **Sieben Wege** erreicht ist. Hier kurz rechts, gleich wieder links, und nun leitet ein Waldweg – zuletzt etwas steiler – zum **Josephskreuz** auf dem **Großen Auerberg**.
Das 38 m hohe, von der Dampfkessel- und Gasometerfabrik Braunschweig errichtete **höchste (Gipfel-)Kreuz der Welt** wird von mehr als 100 000 Nieten zusammengehalten. Zur Einweihung der monumentalen Eisenkon-

struktion waren 1896 Gäste aus aller Welt geladen. Das größte Kreuz der Welt an derselben Stelle war allerdings schon 1834 eingeweiht worden: ein vom klassizistischen Architekten Karl Friedrich Schinkel im Auftrag des Grafen Joseph zu Stolberg-Stolberg (daher der Name Josephskreuz) aus 365 Eichenstämmen errichtetes Holzkreuz; 1880 schlug der Blitz ein.
200 Stufen führen luftig auf die Aussichtsplattform, von der aus sich eine ähnlich gute Rundschau wie früher von der im Nordnordosten benachbarten Viktorshöhe (→Wanderung 48) bietet, nur daß im Süden der Kyffhäuser fast greifbar nah gerückt ist.

Unter dem weltgrößten Gipfelkreuz laden Cafétische zur Rast, Kinder erfreuen sich auf dem Spielplatz, rund um das Kreuz gruppieren sich Bänke, auf denen sich das Treiben in der Eiffelturm-Architektur aus der Froschperspektive verfolgen läßt – alles in allem ein zwar der Natur entfremdeter, aber ruhiger Gipfel mit Parkatmosphäre und ohne Brockengetümmel. 1996 feiert sein Wahrzeichen 100. Geburtstag.

47 Selketal – Burg Falkenstein

Zeitlose Wanderung in einem Wiesental von gestern

Ausgangspunkt: Parkplatz (ca. 200 m) am Ende des für den öffentlichen Verkehr freigegebenen Teils der Straße, die von Osten ein Stück in das Selketal hineinführt und von der Straße Pansfelde–Meisdorf abzweigt.
Gehzeit: 4 Std. (16 km).
Anstieg: 200 Höhenmeter.
Einkehr: Thalmühle (1 km), Selkemühle (7 km), Falkenstein (15 km).

Die Abwesenheit technischen Lärms und die Gegenwart bäuerlicher Kultur und natürlicher Geräusche – Rauschen von Bäumen, Plätschern des Flusses, Zwitschern von Vögeln, Muhen von Kühen, Trappeln von Pferdehufen, nichts sonst, nur zuweilen aus der Ferne das Tuten der Selketalbahn – verleihen dieser Wanderung das Gefühl, die Zeit sei stehengeblieben: Alleeartig von uralten Kastanien, Eschen und Ahornen flankiert, zieht die Chaussee durch die weiten Talwiesen; geländerlose Holzbrücken überspannen den von Buchen gesäumten Fluß und lassen Pferdefuhrwerke mit singenden Schulkindern passieren; Milch- und Schlachtvieh steht auf den Weiden; unbegradigt plätschert der Fluß dahin, unterwäscht Ufer, läßt Sandbänke entstehen; und die Berge verhindern den Blick auf die Außenwelt – es wirkt wie eine versunkene Welt. Auch das Wild fühlt sich im **Naturschutzgebiet Selketal** heimisch: Rehe, Rotwild, Wildschweine, Wildkatzen. Die Namen der umgebenden Berge – Falkenstein, Sauberg, Hirschstein, Rehköpfe – verweisen darauf, daß das Gebiet einst Jagdterrain war.
Zunächst führt die Straße an einer Jugendherberge und einem Rastplatz mit Kiosk vorbei. Wenn wenig später von einem Hotel mit Gaststätte der Blick hinauf zur Burg Falkenstein schweift, beginnt nach und nach die zeitlose

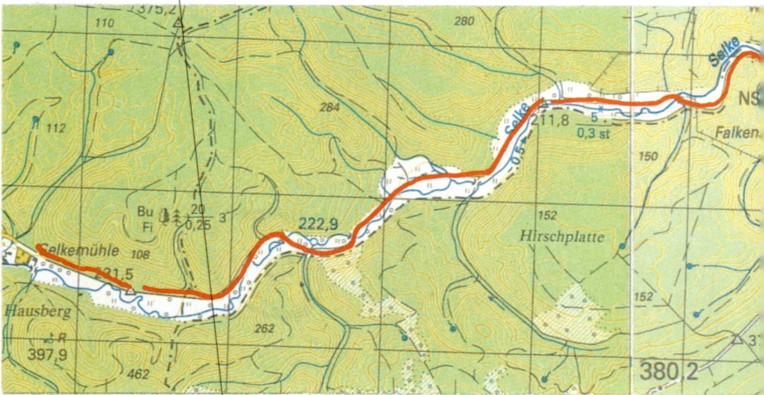

Stimmungsvoll – die Selke.

Wanderung selkeaufwärts. An der 1992 in Beton gegossenen **Hirschsteinbrücke** bei der Schutzhütte **Am Mettenberg** mit Bänken und Tisch besteht die Möglichkeit, zur Burg Falkenstein abzukürzen. Wer weiter dem Tal folgt, erreicht hinter Herbstzeitlosenwiesen die **Selkemühle** (250 m). Dort bieten Schilder Alternativrouten an, z.B. via **Ruine Anhalt**, aber sie sind nicht so schön wie der Selketalweg.

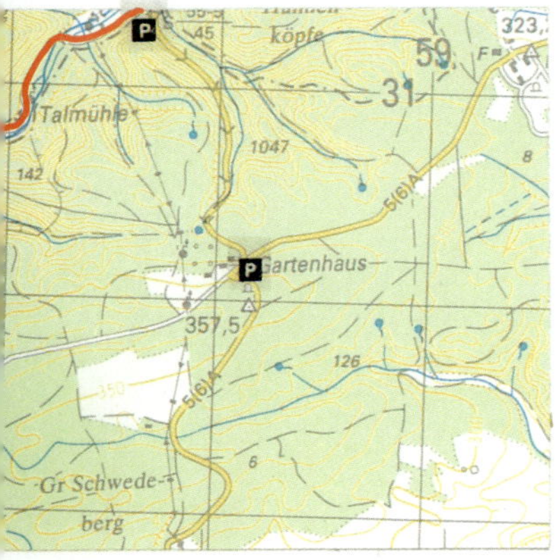

Zwischen der Steinbrücke und dem Imbißplatz zweigt nach der Rückwanderung der 1,3-km-Steig zur an strategisch günstiger Stelle hoch und aussichtsreich über dem Tal gelegenen **Burg Falkenstein** (Museum) ab. In dieser eindrucksvollen Festung, deren Geschichte bis ins frühe 12. Jahrhundert zurückreicht, verfaßte Eike von Repgow um 1230 den »Sachsenspiegel«, das älteste und im Mittelalter einflußreichste deutsche Rechtsbuch.

48 Sternhaus – Bremer Teich – Viktorshöhe, 581 m

Auf die Kuppel des Rambergs

Talort: Der Erholungsort Mägdesprung (315 m, 400 Ew., Ortsteil von Harzgerode) – benannt nach einer Quelle, an der die Mädchen das Wasser holten – bezeichnet sich mit seinem an mondäne Kurorte der Jahrhundertwende erinnernden Erscheinungsbild – palastartige Hotels in Holzarchitektur – als »Perle des Unterharzes«.

Ausgangspunkt: Parkplatz Sternhaus (410 m) nördlich von Mägdesprung an der Straße nach Gernrode.
Gehzeit: 3 Std. (10 km) hin und zurück auf derselben Route.
Anstieg: 200 Höhenmeter.
Einkehr: Sternhaus (0 km), Bremer Teich (1,5 km), Viktorshöhe (5 km).

Es ist zu erwarten, daß sich die 1992 verwaisten Gaststättengebäude auf dem Ramberg wieder beleben und dann Rundschau möglich ist. Die bequeme Wanderung folgt sehr breiten Wegen.
Gegenüber der Gaststätte beginnt der Laubwaldweg Richtung Bremer Teich. Bald quert er die Trasse der **ältesten Schmalspurbahn des Harzes**; die 1886–91 erbaute **Selketalbahn** ist eine beliebte Auf- und Abstiegshilfe von Gernrode aus. Von der Domstadt qualmt sie in 7 km bis auf 413 m Höhe zur Haltestelle Ramberg, ehe sie sich nach Mägdesprung hinabrollen läßt.
Wo rechts ein Haus am Weg steht, kann anstatt auf dem breiten Weg auch auf dem grasigen Waldweg mit den Betonpfählen (sie stehen neben Vermessungspunkten) weitergegangen werden: Er führt direkt zum **Bremer Teich** mit Zeltplatz, Freibad, Bootsverleih und Jugendherberge. Nach Überschreiten des Staudamms und Durchqueren eines Zeltplatz-Ausläufers leiten Schilder auf breiten Wegen gipfelwärts; ein **Bärendenkmal** erinnert an die

Vom Ufer des Bremer Teichs zeigt sich ganz hinten die flache, bewaldete Granitkuppel des Rambergs.

Erlegung eines der letzten Bären in den anhaltinischen Forsten im 17. Jahrhundert. Wir nehmen nicht die steile Abkürzung durch die Stromleitungsschneise, sondern ziehen auf den breiten Wegen im Laubwald sacht aufwärts. Kurz vor dem Gipfelplateau passiert der Weg unter Fichten die wollsackverwitterten Granitklippen **Große Teufelsmühle** und **Kleine Teufelsmühle**, dann sind Restaurant, Spielplatz und Aussichtsturm erreicht. Herzog Alexius von Anhalt ließ hier 1829 einen hölzernen Aussichtsturm errichten, den er zu Ehren seines Großvaters Viktorshöhe nannte.
Der Rückweg geht an der Kleinen Teufelsmühle ab und folgt der Stromleitungsschneise, bis wieder der breite Weg erreicht ist.

49 Kyffhäuser – Kulpenberg, 473 m – Rothenburg

Umstrittene Triumphstätte des wilhelminischen Reiches

Talort: Am Nordfuß des Kyffhäusergebirges liegt in der fruchtbaren Niederung der Goldenen Aue die Stadt Kelbra (160 m). Die »Pforte zum Kyffhäuser« hat sich in den letzten 20 Jahren, seit die Helme nach alljährlichen Überschwemmungen im Helme-Unstrut-Tal aufgestaut wurde, mehr und mehr zum Erholungsort entwickelt. Am Stausee finden sich Freibad und textilfreier Strand.
Ausgangspunkt: Parkplatz (400 m) am Kyffhäuser südöstlich von Kelbra.
Gehzeit: 4 Std. (10 km) Rundwanderung, davon 1 Std. (2 km) Rundgang auf dem Gelände der Reichsburg.
Anstieg: 250 Höhenmeter.
Einkehr: Kyffhäuser (2 km), Kulpenberg (5 km).

Von Burg Kyffhausen blickte Barbarossa auf Goldene Aue und Unterharz.

Diese bequeme Wanderung erschließt das Dach des von schattigem Laubwald bedeckten Kyffhäusergebirges.

Für die Besichtigung der aus sächsisch-ottonischer bis Stauferzeit stammenden, eindrucksvollen **Ruinen der Reichsburg Kyffhausen** (1118 zerstört), des wilhelminisch-martialischen **Kyffhäuserdenkmals** (1896) – Architekt: Bruno Schmitz – und des **Museums** sollten mehrere Stunden veranschlagt werden. Während die Ruinen in die Stauferzeit entführen, glorifiziert das Denkmal die Errichtung des deutschen Kaiserreiches am 18. Januar 1871 während des Deutsch-Französischen Krieges in Versailles; die Skulpturen stellen Wilhelm I. über Friedrich I. Barbarossa (→Wanderung 50). Das Denkmal bietet umfassende Rundschau: jenseits der Goldene Aue auf den Harz, im Süden bis zum Thüringer Wald.

Gegenüber der **Thomas-Müntzer-Gedenkstätte** verläßt der mit einem blauen x markierte Weg den Kyffhäuser und zieht in Buchen-Eichenwald hinüber zum **Kulpenberg** (473 m), der von einem Telekom-Turm gekrönten höchsten Erhebung des Kyffhäusergebirges. Nun leitet ein rotes Dreieck hinab zur **Ruine Rothenburg** auf dem Nordwestpfeiler des Gebirges mit weiter Aussicht. Von der imposanten Burganlage aus dem 12./13. Jahrhundert stehen noch die Doppelkapelle, der Palas und der Bergfried. Das Maßwerk aus der Übergangszeit zwischen Romanik und Gotik wurde stilgerecht erneuert (→Foto Seite 8). Fremdkörper sind der klotzige wilhelminische Turm (1906) und das eingezäunte Bundeswehrgelände nebenan. Vom Parkplatz leitet der mit einem blauen x gekennzeichnete **Rothenburgerstieg** als bequemer Hangweg durch das **Naturschutzgebiet Rothenburg** zurück, wobei sich im Eichen-Buchenwald immer wieder eine hübsche Aussicht bietet. Die kegelartig spitzen »Berge«, die sich dabei in weiter Ferne zeigen, sind Abraumhalden bei Mansfeld.

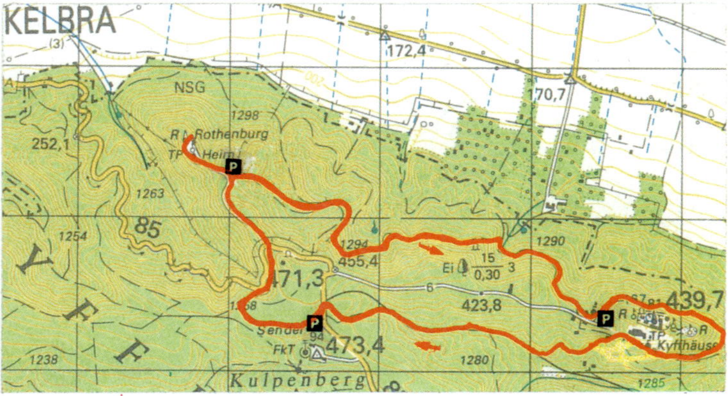

50 Barbarossahöhle

Wo Kaiser Barbarossa schläft

Talort: Am Südfuß des Kyffhäusergebirges liegt in einer fruchtbaren Niederung Bad Frankenhausen (150 m, 9400 Ew.) mit Solbad, Fachwerkhäusern, schlichtem Barockschloß und dem schiefen Hausmannsturm als Wahrzeichen. Am Stadtrand erhebt sich der Schlachtberg, wo 1525 das Bauernheer Thomas Müntzers geschlagen wurde.
Ausgangspunkt: Parkplatz (160 m) an der Barbarossahöhle westnordwestlich von Bad Frankenhausen.
Gehzeit: 2 Std. (6 km) Rundwanderung.
Anstieg: 200 Höhenmeter.
Einkehr: Barbarossahöhle (0 km).

Den Besuch der Barbarossahöhle verbindet diese bequeme Wanderung mit einem Streifzug auf der Südwestabdachung des Kyffhäusergebirges.
Die **Barbarossahöhle** mit ihren phantastischen Gipsgebilden und unterirdischen Seen ist die längste der Gipshöhlen, die im Zechstein des südlichen Kyffhäusergebirges durch Auslaugung entstanden sind. Verknüpft wurde mit dieser 1865 entdeckten Höhle die **Kaisersage**. Diese war während der politischen Zersplitterung nach der Blütezeit der Ottonen und Staufer entstanden. Nach der Sage schläft im Kyffhäuser Kaiser Friedrich I. Barbarossa; dereinst wird er erwachen und die Herrlichkeit des Reiches wiederherstellen. Der Kyffhäuser wurde im 19. Jahrhundert Symbol für die deutsche Einigung, die Ruinen der Reichsburg (→Wanderung 49) waren Treffpunkt von Liberalen; als 1870/71 die deutsche Einigung vollzogen wurde – im Krieg –, wurde der Kyffhäuser Symbol deutsch-tümelnder Kräfte.
Rechts des Souvenirladens beim Höhleneingang beginnt versteckt der mit einem blauen x markierte Weg Richtung Frankenhausen. Vorbei an der **Ruine Falkenburg** (1458 zerstört) schwingt er sich aufwärts durch Laub- und Kieferngehölz und zieht unter hohen Buchen durch eine von Einbrüchen im Karst geprägte Landschaft. Am Großen Herrenkopf (330 m) übernimmt ein grünes Viereck die Leitung: Auf einer alten Chaussee weist es abwärts ins fruchtbare Frankenhäuser Tal. Wo die Chaussee am markanten **Spatenberg** ins Freie tritt, stehen Tausende von Kirschbäumen. Kurz vor der Straße zweigt die Markierung rotes Viereck rechts ab und führt am Rand eines Naturschutzgebiets in offener Landschaft zur Barbarossahöhle zurück.

Gipsfelsen nordöstlich der Wippermühle mit Blick auf das Frankenhäuser Tal und den bewaldeten Muschelkalkhöhenzug der Hainleite.

Stichwortverzeichnis

Die Zahlen hinter den Begriffen verweisen auf die Seiten.

Vervielfältigungshinweise zu den Kartenausschnitten:

Kartengrundlage der Touren 1–46: Topographische Karte 1: 50 000, »Wandern im Westharz« (1992), »Wandern im mittleren Harz« (1992) – vervielfältigt mit Erlaubnis des Herausgebers: Niedersächsisches Landesverwaltungsamt - Landesvermessung - B4-789/92.
Kartengrundlage der Touren 47–48: Topographische Karte 1: 50 000, M-32-11-C »Quedlinburg« (1988), M-32-11-D »Aschersleben« (1988) – vervielfältigt mit Genehmigung des Landesamtes für Landesvermessung und Datenverarbeitung Sachsen-Anhalt, Halle/S., vom 09.11.92.
Kartengrundlage der Touren 49–50: Topographische Karte 1: 50 000, M-32-23-C »Bad Frankenhausen (Kyffhäuser)« (1988) – vervielfältigt mit Erlaubnis des Landesvermessungsamts Thüringen - Nr. 003 528/94.
Kartengrundlage der Übersichtskarten: Übersichtskarte 1: 500 000, Blatt Nordost, bzw. Bundesrepublik Deutschland 1: 1 000 000 (Umschlagseite 4), Mit Genehmigung des Instituts für angewandte Geodäsie, Frankfurt am Main, Nr. 62/92 vom 14.12.1992.

Rother Wanderführer

Harz mit Kyffhäuser

ISBN 3-7633-4257-5
9 783763 342570

DM 22,80
OES 166,00
SFR 21,00

50 lohnende Wanderungen im Nationalpark Hochharz, im Oberharz sowie im Unterharz mit Kyffhäuser. Mit genauer Tourenbeschreibung, Wanderkärtchen im Maßstab 1: 50 000 und zahlreichen Tips zu Ausflugszielen und Sehenswürdigkeiten.

Bergverlag Rudolf Rother • München